改訂版

テスト前に まとめるノート 中学歴史

History

JN052151

Gakken

この本を使うみなさんへ

　勉強以外にも，部活や習い事で忙しい毎日を過ごす中学生のみなさんを，少しでもサポートできたらと考え，この「テスト前にまとめるノート」は構成されています。

　この本の目的は，大きく2つあります。
　1つ目は，みなさんが効率よくテスト勉強ができるようにサポートし，テストの点数をアップさせることです。

　そのために，テストに出やすい大事な用語だけが空欄になっていて，直接書き込んで歴史の重要点を定着させていきます。それ以外は，整理された内容を読んでいけばOKです。頭に残りやすいよう，背景や理由をくわしく補足したり，ゴロやイラストなどで楽しく暗記できるようにしたりと工夫しています。

　2つ目は，毎日の授業やテスト前など，日常的にノートを書くことが多いみなさんに，「ノートをわかりやすくまとめられる力」をいっしょに身につけてもらうことです。

　ノートをまとめる時，次のような悩みを持ったことがありませんか？
　　☑　ノートを書くのが苦手だ
　　☑　自分のノートはなんとなくごちゃごちゃして見える
　　☑　テスト前にまとめノートをつくるが，時間がかかって大変
　　☑　最初は気合を入れて書き始めるが，途中で力つきる

　この本は，中学校で習う歴史の内容を，みなさんにおすすめしたい「きれいでわかりやすいノート」にまとめたものです。この本を自分で作るまとめノートの代わりにしたり，自分のノートをとるときにまとめ方をマネしてみたりしてみてください。

　今，勉強を頑張ることは，現在の成績や進学はもちろん，高校生や大学生，大人になってからの自分をきっと助けてくれます。みなさんの未来の可能性が広がっていくことを心から願っています。

学研プラス

もくじ

第1章
古代の文明と国家

第2章
中世社会の展開

第3章
近世日本の歩み

第4章
近代の日本と世界

第5章
二度の大戦と現代

この本の使い方

この本の，具体的な活用方法を紹介します。

1 | 定期テスト前にまとめる

まずは この本を読みながら，大事な用語を書き込んでいきましょう。

方法1 教科書を見ながら，空欄になっている＿＿＿＿に，用語を埋めていきます。
余裕のある時におすすめ。授業を思い出しながら，やってみましょう。

方法2 別冊解答を見ながら，まず，空欄＿＿＿＿を埋めて完成させましょう。
時間がない時におすすめ。大事な用語だけにまず注目できて，その後すぐに暗記態勢に入れます。

次に ノートを読んでいきましょう。教科書の内容が整理されているので，歴史の流れが頭に入っていきます。

最後に 「確認テスト」を解いてみましょう。各章のテストに出やすい内容をしっかりおさえられます。

...Point!

オレンジペンやピンクペンで書き込むと，付属の赤フィルターで消えやすい。暗記ノートとして，覚えるまでくりかえしチェックできて便利！

orange　pink

2 予習にもぴったり

授業の前日などに，この本で流れを追っ
ておくのがおすすめです。教科書を全部
読むのは大変ですが，このノートをさっ
と読んでいくだけで，授業の理解がぐっ
と深まります。

3 復習にも使える

学校の授業で習ったことをおさらいし
ながら，ノートの空欄を埋めていきましょ
う。先生が強調していたことを思い出し
たら，色ペンなどで目立つようにしてみて
もいいでしょう。
　また先生の話で印象に残ったことを，
このノートの右側のあいているところに
追加で書き込むなど，自分なりにアレン
ジすることもおすすめです。

 次のページからは，ノート作りのコツ について紹介しているので，
あわせて読んでみましょう。

ノート作りのコツ

普段ノートを書く時に知っておくと役立つ,「ノート作りのコツ」を紹介します。どれも簡単にできるので, 気に入ったものは自分のノートに取り入れてみてくださいね！

コツ ① 色を上手に取り入れる

Point 最初に色のルールを決める。

シンプル派→3色くらい

例) 基本色→**黒**
重要用語→赤
強調したい文章→蛍光ペン

カラフル派→5〜7色くらい

例) 基本色→**黒**
重要用語→**オレンジ**（赤フィルターで消える色＝暗記用）, 赤, 青, 緑
人名は青, 地名は緑, その他は赤など, 種類で分けてもOK！

強調したい文章→**黄色の蛍光ペン**
囲みや背景などに→**その他の蛍光ペン**

平安京, 摂関政治と国風文化

平安時代の始まり

794年, 桓武天皇が都を　　　　に移す。
・仏教勢力から離れ, 律令政治の立て直しをはかった！

支配の拡大…坂上田村麻呂を　　　　に任命し, 東北地方へ進軍。
→ 朝廷の支配に従わない人々（蝦夷）を攻めた。

仏教の新しい動き…山奥の寺での学問や厳しい修行を重視。
・空海…高野山(和歌山県)に金剛峯寺を建てる。
・最澄…比叡山(滋賀県・京都府)に延暦寺を建てる。

ホケキョ
鳴くようぐいす 平安京

(2) 東アジアの変化

日本は, 894年,　　　　の訴えで遣唐使の派遣を停止。
・中国…10世紀初め, 唐が滅ぶ →　　　　が中国を統一。
・朝鮮半島…10世紀初め, 高麗がおこる → 新羅を滅ぼす。

(3) 貴族の政治

藤原氏による　　　　が行われる。
・摂政…幼い天皇の代わりに政治を行う職。
・関白…成人した天皇を補佐する職。
11世紀前半,　　　　・頼通父子のとき最も安定。

地方の政治…国司に任される → 政治が乱れる

藤原氏の系図
下の( )に言葉を書きましょう。

藤原鎌足 ― 不比等
大化の改新

このころ, 反乱や災害が起こり, 社会不安が高まっていた。

(4) 国風文化

唐風の文化をもとにしながら, 日本の風土・生活や, 日本人の感情に合った独自の文化。貴族が生み出した。
→ 貴族は　　　　の邸宅に住んだ。
服装も唐風から日本風に変化。

◇文学
漢字を変形させ　　　　がつくられる。
→ 女性による優れた文学作品が多く書かれる。

紀貫之らが『古今和歌集』を編集。

◇美術
大和絵…日本の風物を描いた日本独自の絵画。

◇浄土信仰（浄土の教え）
10世紀半ば, 念仏を唱えて, 阿弥陀仏にすがり, 死後に極楽浄土に生まれ変わることを願う浄土信仰が起こる。
藤原頼通が建立した阿弥陀
(京都府)　　　　堂。

22

コツ 2 空間をとって書く

　ノートの右から4〜5cmに区切り線を引きます。教科書の内容は左側(広いほう)に,その他の役立つ情報は右側(狭いほう)に,分けるとまとめやすくなります。

- 図や写真,イラスト,暗記のためのゴロ,その他補足情報
- 授業中の先生の話で印象に残ったこと,出来事の背景・理由など,書きとめておきたい情報は右へどんどん書き込みましょう。

　また,文章はなるべく短めに書きましょう。途中の接続詞などもなるべくはぶいて,「→」でつないでいくなどすると,すっきりでき,また流れも頭に入っていきます。

　行と行の間を,積極的に空けておくのもポイントです。後で自分が読み返す時にとても見やすく,わかりやすく感じられます。追加で書き込みたい情報があった時にも,ごちゃごちゃせずに,いつでもつけ足せます。

コツ 3 イメージを活用する

　自分の頭の中でえがいたイメージを,簡単に図やイラスト化してみると,記憶に残ります。この本でも,簡単に描けて,頭に残るイラストを多数入れています。とにかく簡単なものでOK。時間がかかると,絵をかいて終わってしまうので注意。

　また,教科書の地図や図解などは,そのままコピーして貼るほうが効率的。ノートに貼って,そこから読み取れることを追加で書き足すと,わかりやすい,自分だけのオリジナル参考書になっていきます。

その他のコツ

❶レイアウトを整える…
段落ごと,また階層を意識して,頭の文字を1字ずつずらしていくと,見やすくなります。また,見出しは一回り大きめに,もしくは色をつけたりすると,メリハリがついてきれいに見えます。

❷インデックスをつける…
ノートはなるべく2ページ単位でまとめ,またその時インデックスをつけておくと,後で見直ししやすいです。教科書の単元や項目と合わせておくと,テスト勉強がさらに効率よくできます。

❸かわいい表紙で,持っていてうれしいノートに!…
表紙の文字をカラフルにしたり,絵を書いたり,シールを貼ったりと,表紙をかわいくアレンジするのも楽しいでしょう。

1 人類の出現，文明のおこり

(1)人類の出現と旧石器時代

◎猿人
えんじん

…約700万〜600万年前，アフリカに現れる。

後ろあし(足)で立って歩き，前あし(手)で道
具を使用。

＿＿＿＿＿をつくり始める。
　　　石を打ち欠いてつくる

打製石器を使い，狩りや採集を行って
　　　　　　(か)
移動しながら生活する…＿＿＿＿時代。

★人類の進化

★打製石器

◎原人
げんじん

…約240〜200万年前に現れる。火を使い，言葉が発達する。

◎＿＿＿＿(ホモ・サピエンス)

…約20万年前に現れる。現在の人類の直接の祖先！

新人以外の人類は，数万
年前までに絶滅した。

1万年ほど前，人々は土器や磨製石器を使い，
　　　　　　　　　　　　　　　ませい
　　　　　　石の表面を磨いてつくる
　　　　　　　　　みが
農耕や牧畜を始める…＿＿＿＿時代の始まり。
ぼくちく

古代文明は，農耕や牧
畜に適した，気候が温
暖な大河の流域でお
こった。

(2)文明のおこり

◎エジプト文明…紀元前3000年ごろ，＿＿＿＿川流域。

＿＿＿＿文字，＿＿＿＿暦
神聖文字　　1年を365日とする

建造物…巨大な神殿やピラミッド。
しんでん

◎メソポタミア文明…紀元前3000年ごろ，

＿＿＿＿川・＿＿＿＿川流域。

＿＿＿＿文字，＿＿＿＿暦
月の満ち欠けに基づく
もと

↓

紀元前18世紀ごろ，ハンムラビ王がハンムラビ法典
という法律をつくる。　　　くさび形文字で刻まれる

(牛)　(魚)
★くさび形文字

◎インダス文明…紀元前2500年ごろ、＿＿＿＿＿＿川流域。

＿＿＿＿＿＿文字。

モヘンジョ＝ダロなどの都市を計画的に建設した。

↓

紀元前1500年ごろ、遊牧民族のアーリヤ人が
身分制度をもつ国々をつくる。
└のちのカースト制度

◎中国文明

漢字のもとになった。

1万年ほど前、黄河（こうが／ホワンホー）の中・下流域、長江（ちょうこう／チャンチアン）の下流域で農耕文明。

紀元前16世紀ごろ、＿＿＿＿＿流域に殷（いん）（商（しょう））がおこる。
＿＿＿＿＿文字、優れた青銅器。
　　　　　　　　　　　└中国文明の最初の国

→ 紀元前11世紀に周（しゅう）に滅（ほろ）ぼされる。

（雨）（魚）
★甲骨文字

↓

春秋（しゅんじゅう）・戦国（せんごく）時代
…紀元前6世紀ごろ、＿＿＿＿＿が儒学（じゅがく）（儒教）を説く。
　　　　　　　　　　└優れた思想家

のちに、朝鮮（ちょうせん）や日本に伝わり、大きな影響（えいきょう）を与（あた）える。

↓

秦（しん）…紀元前3世紀、＿＿＿＿＿が中国を統一。万里（ばんり）の長城を
修築。
　　　└初めて「皇帝」と名乗る

↓

漢（かん）…東西の交通路である＿＿＿＿＿＿＿（絹の道）を
└前3世紀～後3世紀
通じ、ローマ帝国（ていこく）とも交流。

中国の絹織物などを西方に運びます。

←ローマ　中国→

シルクロード

文明がおこった場所

✎下の〔　〕の中に言葉を入れましょう。

メソポタミア文明
バビロン
チグリス川
ユーフラテス川
インダス文明
〔　　　〕文明
黄河（こうが）
殷墟（いんきょ）
長江
40°
20°
〔　　　〕文明
モヘンジョ＝ダロ
インダス川
● 文明の
だいたいの範囲

2 ギリシャ・ローマの文明と宗教のおこり

(1)ギリシャの文明

> 1000以上の都市国家があった！

★古代ギリシャの都市国家

● 紀元前8世紀ごろから，
多くの都市国家（＿＿＿＿＿）ができる。

> アテネが最も栄えた

● 紀元前5世紀，全盛期を迎（むか）える。
＿＿＿＿＿で市民による民主政…成人男性が民会で話し合い，国の方針を決める。

● 演劇（ちょうこく）や彫刻などの芸術，哲学（てつがく），数学，医学が発達。

（学研写真資料）

★ アテネのアクロポリスとパルテノン神殿

> 古代ギリシャの都市国家は城壁（じょうへき）に囲まれ，中心には神殿（しんでん）のある丘（アクロポリス）があった。

● 紀元前4世紀，ギリシャは北方のマケドニアに征服（せいふく）される。

● マケドニアの＿＿＿＿＿＿大王が，東に遠征（えんせい）。
↓　　　　　　　　　　　　インダス川に達する
ギリシャの文明が東方に広まり，
＿＿＿＿＿と呼ばれる文化が生まれる。

> ミロのビーナスはヘレニズムを代表する彫刻よ。

(2)ローマの文明

● 都市国家のローマ…イタリア半島中部。
→ 紀元前6世紀，王政を廃（はい）して＿＿＿＿＿に。
↓　　　　　　　　　　　貴族が率いた
紀元前30年ごろ，地中海を囲む地域を統一。
共和政（ていせい）から帝政へ…＿＿＿＿＿成立。

> 皇帝が統治する国。

ローマ帝国では, ギリシャ文明を吸収
し, 実用的な文化が発展。

凡例
　■ 紀元前3世紀の領域
　■ 紀元後1世紀の領域
　---- ローマ帝国の最大領域

● 法律…広い領土と, さまざまな民族を
公正に統治するために発達。

　→ のちのヨーロッパ諸国の法律に受
け継がれる。

★ ローマ帝国の支配領域

● 建造物…各地に水道, 浴場,
　　　　　　　(闘技場) などの施設。
　　　　　　とうぎじょう　　　しせつ
　　剣闘士 などの戦いが行われた
　　けんとうし

約5万人を
収容できる。

★ コロッセオ

(3)宗教のおこり

太陽・月の動きや天気の変化など, 自然のはたらきを恐れ,
　　　　　　　　　　　　　　　　　　　　　　　　おそ
敬う中で, 人々の間に神への信仰が生まれた。
　　　　　　　　　　　しんこう

なぜ？
人間の力を超えるものを
感じたから。

● 仏教…紀元前5世紀ごろ, インドで　　　　　　　　　が開く。
　　　　紀元前6世紀ごろという説もある

　→ 東南アジアや中国, 朝鮮, 日本に伝わる。

　→ それぞれの地域で独自に発達。

「仏教」「キリスト
教」「イスラム教」
は, 世界の三大宗
教といわれる。

● キリスト教…紀元前後, 古くからユダヤ教が信仰されていた
パレスチナ地方で　　　　　　　が開く。
　西アジア
　　　　　　弟子たちが教えを『聖書(新約聖書)』にまとめた
　　　　　　でし

　→ ヨーロッパの人々の精神的な支えとして発展。
　　　　4世紀末にはローマ帝国の国の宗教になる

● イスラム教…7世紀初め, アラビア半島で　　　　　　　　が
開く。
『コーラン』…聖典。信者の生活や政治, 経済活動を
定める法の役割も果たす。

　→ 西アジアや北アフリカ, 東南アジアへ広まる。

教えの基本は,
唯一神アラー(アッラー)に
　ゆいいつしん
従う, 神の像を描いたり拝
　　　　　　　えが
んだりしてはならない,
など。

13

3 日本列島の形成，縄文時代と弥生時代

(1)日本の旧石器時代

日本列島は，ユーラシア大陸とたびたび陸続きになった。

大陸から日本列島へ渡ってきた！

↓

ナウマンゾウなど大型の動物を追って人々が移り住み，
　┗ ほかに，マンモスやオオツノジカなど

食べ物を求めて移動しながら生活。
　┗ 動物や木の実など

◎道具・遺跡

　　　　　…石を打ち欠いてつくった石器。

　　　　（群馬県）…日本で初めて打製石器を発見。

　→　日本に旧石器時代があったことがわかった。

1万年ほど前，最後の氷期が終わって海面が上昇。
　→　現在の　　　　　　　の形がほぼできあがる。

厚手で黒褐色。

★縄文土器

(2)縄文時代の暮らし
　┗ 1万数千年前から1万年以上続く

◎道具

　　土器…縄目の文様がつけられているものが多い。

　磨製石器を使い始める。打製石器，骨角器など。
　　　　　　　　　　　┗ 動物の骨や角でつくった釣り針など

　土偶…豊作などを祈ってつくられた土製の人形。
　　　　　┗ 女性をかたどったものが多い

◎生活…狩り・漁・採集で食料を得る。

　食料を得やすい場所に集団で定住するようになり，

　　　　　　　をつくって住む。
　┗ 掘り下げた地面に柱を立てて屋根をかけた

土偶よ♪

縄文時代の主な食料は，鹿，鳥などのけもの，魚や貝，どんぐりなどの木の実。

　貝塚…人々が捨てた貝殻や魚の骨などが積もってできた。

　　→　当時の海岸線や生活の様子を知ることができる。

◎遺跡

　大森貝塚（東京都）…アメリカ人のモースが発見。

　　　　遺跡（青森県）…遠くの地域と交流。

(3)弥生時代の暮らし

紀元前4世紀～紀元前3世紀ごろ

紀元前4世紀ごろ,朝鮮半島から九州北部に移り住んだ人々によって　　　　　が伝えられ,やがて東北地方まで広がった。

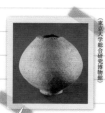

（東京大学総合研究博物館）

★ 弥生土器

薄手でかため。
赤褐色。

◉道具など

土器,稲作とともに伝わった青銅器や鉄器。

祭りの宝物　　農具,工具や武器

…収穫した稲を貯蔵しておくための倉庫。

→ 湿気を防ぐために床を高くし,ねずみ返しがある。

なぜ？
土地や蓄えた食料をめぐって争いが起こり,強いむらが弱いむらを支配したため。

◉生活…人々は水田の近くにむらをつくり,協力して作業。

→ 指導者の出現 → むら同士が争う → くに(国)ができる。

つりがね型の青銅器！

◉遺跡

登呂遺跡(静岡県)…集落と水田のあとが見つかる。

　　　　　遺跡(佐賀県)…集落の周りに柵や堀がある。

→ 戦いに備えていたことがわかる！

（Colbase（https://colbase.nich.go.jp/））

★ 銅鐸

古代の遺跡のまとめ

✎下の〔　〕の中に言葉を入れましょう。

- ◉旧石器時代…〔　　　　　　〕遺跡
- ◉縄文時代…〔　　　　　　〕遺跡
- ◉弥生時代…〔　　　　　　〕遺跡　　水田あと
　　　　　　　〔　　　　　　〕遺跡

柵や堀のある集落

なぜ？
中国の皇帝に国王としての地位を認めてもらうため。

◉57年,　　　　　の王が漢に使いを送る。

現在の福岡県にあったくに

「漢委奴国王」と彫られた金印を授かる。

江戸時代に志賀島(福岡市)で発見

ゴロ
文くださいね
卑弥呼より♪～

◉邪馬台国…239年,女王　　　　　　が中国の魏に使いを送る。

「魏志」倭人伝に記されている

「親魏倭王」の称号と,金印や銅鏡などを授かる。

15

(Date · · No.)

4 大和政権, 聖徳太子の政治

(1)古墳時代の様子

3世紀後半から6世紀末ごろまで

つくるのに, 多くの材料と労働力が必要だから。

◎古墳…王や　　　　　の墓。

　　　　　　　…前が方形(四角), 後ろが円形の巨大な古墳。

　→ 富と力を持った支配者が現れたことを示す。

　→ 大仙(山)古墳(大阪府堺市)が代表的。
　　　　　　　└ 面積が世界最大級の墓

古墳から, 当時の日本に優れた土木作業の技術があったこともわかる。

◎古墳から出土するもの

　　　　　　…古墳の頂上や周りに並べられた土製品。

副葬品…鏡・玉・武具などを墓にいっしょに納めた。

後ろは円形

★大仙(山)古墳

前は方形

(学研貴資料)

(2)大和政権(ヤマト王権)

3世紀後半, 奈良盆地を中心とする地域で, 豪族たちが連合

して　　　　　　　　　　　　　をつくる。

　　　　　　↓

5世紀には, 九州地方から東北地方南部までの豪族を支配し,
　　　　　　└ 前方後円墳の分布などからわかる

王は　　　　と呼ばれるようになった。

土偶って呼ぶなよ…

武人埴輪

◎　　　　　…朝鮮半島から日本列島に移り住んだ人々。

　→ 漢字や儒学, 　　　　　,須恵器,土木技術などをもたらす。
　　　└ 百済から公式に伝わる　　　　　　└ 高温で焼く, これまでよりじょうぶな土器

　→ 大和政権で, 書類作成や財政管理などを担当。

(3)中国・朝鮮半島の動き

◎中国…漢 → 三国時代 → 晋 → 南北朝時代へ

　→ 589年,　　　　が南北朝を統一。

◎朝鮮半島…高句麗・新羅・　　　　　が勢力を争う。
　　　　　　コグリョ　シルラ

　→ 大和政権は,伽耶地域(任那)の国々とつながりを強め,
　　　　　　　　　　カヤ　　　イムナ

　　4世紀末には, 百済に協力して高句麗や新羅と戦う。

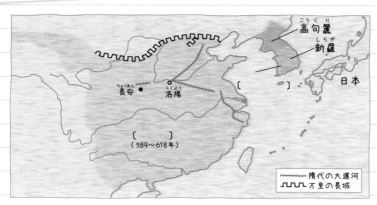

このころの朝鮮半島と中国のようす

✐下の〔 〕の中に言葉を書きましょう。

高句麗
新羅
長安　洛陽　〔　　〕　日本
〔　　〕（589〜618年）

╂┼┼┼┼ 隋代の大運河
▨▨▨▨ 万里の長城

(4)聖徳太子(厩戸皇子)の政治

593年,＿＿＿＿＿＿＿＿＿＿がおばの推古天皇の摂政になる。

→ 蘇我馬子と協力して,天皇中心の国づくりを進めた。
（そがのうまこ）

◉ ＿＿＿＿＿＿＿の制度…家柄によらず才能や功績のある人
を役人に取り立てた。

◉十七条の憲法…役人の心構えを示した。

◉遣隋使の派遣…隋の進んだ制度・文化を取り入れるため。
→ 607年,＿＿＿＿＿＿らを派遣する。

ゴロ
593 かんぱい
国民歓迎
太子の政治

内容…和を大切にして争いをしないこと,仏教を信仰すること,天皇の命令には必ず従うことなど。

ゴロ
607
群れなしてわたる
遣隋使

(5)飛鳥文化

推古天皇のころ,飛鳥地方(奈良県)を中心に栄えた,日本で
最初の＿＿＿文化。

◉ ＿＿＿＿＿(奈良県)…現存する世界最古の木造建築。
　　　　　　　　聖徳太子が建てたと伝えられる

◉仏像…釈迦三尊像(法隆寺)。
◉工芸…玉虫厨子(法隆寺)。

★法隆寺

17

5 大化の改新, 律令国家の成立

(1)律令国家への歩み

645年, 中大兄皇子と中臣鎌足(のちの藤原鎌足)らが,
蘇我氏をたおして政治改革を始める。

　→ ＿＿＿＿＿＿＿＿＿ の始まり。

　　└ この年, 日本で最初の元号とされる「大化」が定められた

　◎ ＿＿＿＿＿＿＿＿＿…それまで豪族が支配していた
土地と人々を, 国家が直接支配する方針を示す。

　◎ ＿＿＿＿＿＿＿＿＿…663年, 百済を助けるため, 唐と新羅の
連合軍と戦い, 大敗。
　　└ 唐と新羅に滅ぼされていた

　　↓

中大兄皇子が即位して ＿＿＿＿＿＿ に。
　→ 初めて全国の戸籍をつくるなど, 国内の政治改革を進めた。

672年, ＿＿＿＿＿＿…天智天皇のあと継ぎをめぐる戦い。

　　↓

大海人皇子が勝ち, 即位して ＿＿＿＿＿＿ となる。
　└ 天智天皇の弟

　→ 天皇の死後, 皇后が持統天皇となり, 政策を引き継ぐ。
　　└ 律令の作成, 藤原京(ふじわらきょう)の完成など

天智天皇　大海人皇子
弟 勝ち
子
負け
大友皇子
壬申の乱

701年, 唐の律令にならった ＿＿＿＿＿＿ が完成。
　→ 律令に基づく政治を行う, 律令国家が成立。

(2)奈良時代の始まり

　　└ 奈良に都が置かれた約80年間

710年, 奈良に ＿＿＿＿＿＿ がつくられる。
…唐の都長安にならってつくられた。
　　└ 618年に唐が隋を滅ぼして中国を統一

　→ 都の東西に市…各地から送られてきた産物などを売買。
　…和同開珎などの貨幣が使われた。
　└ 唐にならって発行

★大宝律令に基づく政治のしくみ

中央	二官		八省	
	神祇官 (朝廷のまつり)		中務省	詔の作成など
			式部省	文官の人事など
		左大臣	治部省	外交や仏事など
	太政官	太政大臣	民部省	戸籍や租税など
		右大臣	兵部省	武官の人事など
			刑部省	裁判や刑罰など
			大蔵省	財政など
			宮内省	宮中の事務など

地方　左右京職…都の中の政治
　　　大宰府…九州の政治, 外交・防衛
　　　諸国　国(国司)―郡(郡司)―里(里長)

◉律令による地方のしくみ

諸国 国… 　　　　　が治める。

郡…郡司が治める。　　里…里長が治める。
　　　ぐんじ　　　　　　　　　　さとおさ

・大宰府…奈良時代の役所
・太宰府…今の太宰府市
　　　　　　　　　　　点に注意!!

九州 … 　　　　　が置かれる…九州の政治, 外交・防衛。
　　　　　　現在の福岡県太宰府市

(3)律令国家での人々の暮らし

◉班田収授法…戸籍に基づき, 6歳以上の男女に 　　　　　を
　はんでんしゅうじゅのほう　　　　　　　　　　　　さい

与え, 死ぬと国に返させる土地制度。
あた

→ 口分田を与えられた人には, 税が課せられた。
　　く ぶんでん

租 = 稲

農民の負担

✎下の〔 〕の中に言葉を入れましょう。

税 〔 　　　　　〕…口分田の収穫量の約3%の稲を納める。
　　　　　　　　　　　　　　しゅうかくりょう　　　いね
　　調…絹・糸や地方の特産物を納める。
　　ちょう
　　庸…労役の代わりに布を納める。
　　よう　ろうえき

成年男子に
課せられた

調 = 特産物

労役 雑徭…年間60日を限度として, 労役を課す。
　　　ぞうよう

兵役 衛士…1年間, 都の警護をする。
　　　えじ
　　　防人…3年間, 九州北部の警護をする。
　　　さきもり

調を都に運ぶときや,
衛士や防人の任地との
往復での交通費や食
料は自己負担だった。

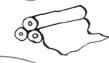

庸 = 布

(4)公地・公民の原則の崩れ
　　　　　　　　　　　　くず

重い負担から逃れるため, 口分田を捨てて逃亡する者が現れた。
　　　　　のが　　　　　　　　　　　とうぼう

また, 人口が増え, 自然災害も起こり, 口分田が不足してきた。

↓

なぜ?

人々に開墾をすすめて,
口分田を増やそうとした
から。

　　　　　　　　を制定。開墾した土地の永久私有を認める。
　　　　　　　　　　かいこん
743年 ↓

貴族や大寺院, 郡司などは開墾に力を入れ, 私有地を増やす。
　　　　　　　　ぐんじ　　かいこん
　　　　　　　　　　現地の農民を使った
↓

ゴロ

永久の　私有に貴族
　　７４３
すぐなじみ 土地!!

公地・公民の原則が崩れ始めた。

→ 私有地は, やがて 　　　　　と呼ばれるようになった。

6 聖武天皇の政治と天平文化

(1)大陸との交流

◉遣唐使(けんとうし)…唐(とう)(中国)の進んだ制度や文化を学ぶために派遣(はけん)され

た。

　→ 留学生や僧(そう)も同行。

◉阿倍仲麻呂(あべのなかまろ)…唐に留学し，皇帝(こうてい)に仕えた。

　→ 遭難(そうなん)して帰国できず，唐で一生を終えた。

◉＿＿＿＿＿＿…唐の高僧(こうそう)。遣唐使に伴(ともな)われて来日。

日本に正式な仏教の教えを伝える。

のちに唐招提寺(とうしょうだいじ)を開く。

鑑真(がんじん)です。
何度も航海に失敗して，失明しながらも来日しました。

(2)聖武天皇(しょうむ)の政治

奈良時代の半ば，貴族の権力争い，伝染病の流行，ききんなど

で，社会不安が広がっていた。

　↓

＿＿＿＿＿＿と光明皇后(こうみょうこうごう)は，唐の皇帝(こうてい)にならい，

仏教の力によって国家を守ろうと考えた。

◉国ごとに国分寺(こくぶんじ)・国分尼寺(こくぶんにじ)を建てた。

◉都に＿＿＿＿＿＿を建てて，金銅の大仏をまつった。

　→ 国家を上げての一大事業！

◉民衆に仏教を広めていた＿＿＿＿＿＿が大仏の造立(ぞうりゅう)に協力。

　橋や用水路をつくり，民衆から
　信頼されていた

鑑真の来日は，
大仏完成の翌年
(753年)。

（東大寺）

★東大寺の大仏

(3)天平文化(てんぴょう)

聖武天皇の時期に栄えた文化。

仏教や唐の影響(えいきょう)を強く受けた，国際色豊かな文化。

　遣唐使を通じてもたらされた

◎建造物

　東大寺（奈良県）

　　→ 校倉造で建てられた宝物庫の＿＿＿＿＿＿＿＿＿

　　　…聖武天皇が使った品々などの宝物が納められていた。

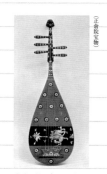
（正倉院宝物）

★螺鈿紫檀五絃琵琶

> 校倉造…三角形の木材を組み合わせて積み上げ，壁にした建築様式のこと。

　唐招提寺（奈良県）…鑑真が開く。

◎工芸（正倉院の宝物）

　螺鈿紫檀五絃琵琶…インドが起源といわれる。

　瑠璃坏…西アジアでつくられたと考えられているガラスのコップ。

　　→ シルクロードを通ってインドや西アジアから唐に伝わり，それを遣唐使が持ち帰ったとみられるものが多い。

（正倉院正倉）

★瑠璃坏

◎彫刻　阿修羅像…興福寺（奈良県）

◎絵画　「鳥毛立女屏風」（正倉院）

◎文学

　歴史書　『古事記』…712年にまとめられた。

　　　　　『日本書紀』…720年に完成した。

> 『日本書紀』を『日本書記』と書きまちがえないように注意！

　地理書　『風土記』…天皇の命令でつくられた。

　　→国ごとに土地の名前の由来，産物や伝承などをまとめた。

　和歌集　『＿＿＿＿＿＿＿』…約4500首が収められている。

　　　　　　　大伴家持（おおとものやかもち）がまとめたとされる

　　→漢字だけで日本語の音を表す万葉仮名を用いている。

　柿本人麻呂や山上憶良などの歌人，天皇や貴族，

　　　　　　　　　　　　貧窮問答歌

　農民や防人などが作った和歌が収められている。

> 山上憶良は「貧窮問答歌」で，農民の苦しい生活を詠んだよ！

税が重すぎ…

7 平安京, 摂関政治と国風文化

(1)平安時代の始まり

794年, 桓武天皇が都を　　　　　　　に移す。

　→ 仏教勢力から離れ, 律令政治の立て直しをはかった!
　　　　　　　　　貴族や僧の勢力争いで政治が混乱するように
　　　　　　　　　なったため

支配の拡大…坂上田村麻呂を　　　　　　　　　に
任命し, 東北地方へ派遣。

　→ 朝廷の支配に従わない人々 (蝦夷)を攻めた。

仏教の新しい動き…山奥の寺での学問や厳しい修行を重視。
◉空海…　　　　　　を開く。
　　　高野山(和歌山県)に金剛峯寺を建てる。

◉最澄…　　　　　　を開く。
　　　比叡山(滋賀県・京都府)に延暦寺を建てる。

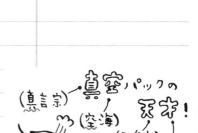

ゴロ
ホケキョ
794
鳴くようぐいす
平安京

(真言宗) 真空パックの
(空海)　天才!
(天台宗)
(最澄)
プシュ

空海と最澄は, 唐に渡っ
て新しい仏教を学んだ。
宗派と寺院を区別できる
よう覚えておこう。

(2)東アジアの変化

日本は, 894年,　　　　　　　の訴えで遣唐使の派遣を停止。

◉中国…10世紀初め, 唐が滅ぶ → 　　　　　が中国を統一。

◉朝鮮半島…10世紀初め, 高麗がおこる → 新羅を滅ぼす。
　　　　　　　　　　　コリョ　　　　　　　　　シルラ

唐の勢力がおとろえ,
危険な航海をしてまで
派遣する必要はないと
訴えた。

(3)貴族の政治

藤原氏による　　　　　　　が行われる。
　　　　　　摂政や関白となって政治を動かす

　◉摂政…幼い天皇の代わりに政治を行う職。
　◉関白…成人した天皇を補佐する職。
　　　　　↓
11世紀前半,　　　　　　　・頼通父子のとき最も安定。

地方の政治…国司に任される → 政治が乱れる

ゴロ
894
道真が　白紙に戻す
遣唐使

娘を天皇のきさきにし
て, その子を次の天皇
に立てて勢力を広げ
た!

藤原氏の系図　　✐下の〔 〕に言葉を書きましょう。

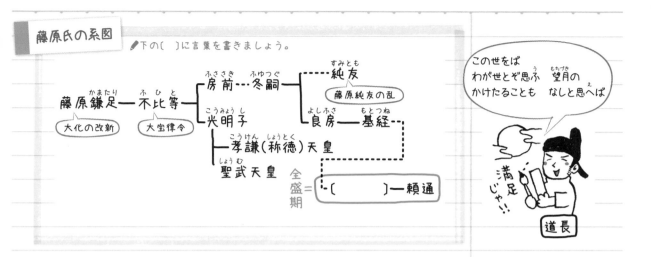

藤原鎌足 ── 不比等 ──┬─ 房前 --- 冬嗣 ──┬──── 純友
　大化の改新　　大宝律令　　　　　　　　　　　　　　〔藤原純友の乱〕
　　　　　　　　　　　　├─ 光明子 　　　　　　 ├─ 良房 ── 基経 ---
　　　　　　　　　　　　├─ 孝謙(称徳)天皇
　　　　　　　　　　　　└─ 聖武天皇　全盛期=〔　　　　　〕── 頼通

この世をば
わが世とぞ思ふ　望月の
かけたることも　なしと思へば

満足じゃ!!

道長

(4)国風文化

唐風の文化をもとにしながら, 日本の風土・生活や,

日本人の感情に合った独自の文化。貴族が生み出した。

→　貴族は　　　　　　　の邸宅に住んだ。

服装も唐風から日本風に変化。

まろの自慢の邸宅じゃ!

◉文学

漢字を変形させ　　　　　　　　がつくられる。

→　女性による優れた文学作品が多く書かれる。

紫 式部の『　　　　　　　』,　　　　　　　の『枕草子』
　　　　　　　　└長編小説　　　　　　　　　　└随筆(エッセイ)

紀貫之らが『古今和歌集』を編集。

物語を大和絵で表す絵巻物もつくられた。

◉美術

大和絵…日本の風物を描いた日本独自の絵画。

◉浄土信仰(浄土の教え)

10世紀半ば, 念仏を唱えて, 阿弥陀仏にすがり, 死後に極楽浄

土に生まれ変わることを願う浄土信仰が起こる。

このころ, 反乱や災害が起こり, 社会不安が高まっていた。

　　　　　　　　　(京都府)…藤原頼通が建立した阿弥陀

堂。
　　　　　　　阿弥陀仏の像を納めた建物

確認テスト①

●目標時間：30分　●100点満点　●答えは別冊25ページ

1 次の各問いに答えなさい。

<(4)は完答で2点，他は4点×5>

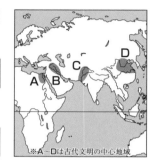

※A～Dは古代文明の中心地域

重要 (1) 地図中の**A・C**の文明は，何という川の流域で栄えましたか。川の名前をそれぞれ答えなさい。

A〔　　　　　　　　　〕　C〔　　　　　　　

(2) 地図中の**B・D**で栄えた文明を何といいますか。

B〔　　　　　　　　　〕　D〔　　　　　　　

(3) ギリシャで，紀元前8世紀ごろからつくられた，アテネやスパルタなどの都市国家を何といいますか。カタカナで答えなさい。

〔　　　　　　　　　　　　　　　　〕

(4) 写真**E**の土器が使われていた時代の日本の様子に当てはまらないものを，次の**ア～オ**から2つ選び，記号で答えなさい。

（東京大学総合研究博物館）　E

ア 仏教がさかんになった。　　**イ** 100余りのくに（国）があった。
ウ 青銅器が使われた。　　　　**エ** 稲作が行われた。
オ 土偶がつくられた。

〔　　　，　　　〕

2 次の文を読んで，あとの各問いに答えなさい。

<(1)は4点×2，他は5点×4>

A 邪馬台国は女王が治めており，（　　　）の皇帝に使いを送った。
B 大和政権（ヤマト王権）の王は（　　　）と呼ばれ，中国の南朝にたびたび使いを送った。
C 一に曰く，和をもって貴しとなし，さからふことなきを宗とせよ。
D （　　　）と（　　　）らが蘇我氏をたおして，政治改革を始めた。

(1) **A**と**B**の（　　　）に当てはまる語句を，次の**ア～カ**から1つずつ選び，記号で答えなさい。

ア 漢　**イ** 魏　**ウ** 秦　**エ** 豪族　**オ** 天皇　**カ** 大王

A〔　　　　　　　　　〕　B〔　　　　　　　

重要 (2) **C**は聖徳太子が役人の心構えを示したものの一部です。これを何といいますか。

〔　　　　　　　　　　　　　　　　〕

(3) **D**の（　　　）に当てはまる人物の名前を答えなさい。また，このできごとを何といいますか。

人物〔　　　　　　　〕〔　　　　　　　〕できごと〔

3 奈良時代について，次の文を読んであとの各問いに答えなさい。 <5点×6>

A 　律令によって政治を行う国家のしくみが整うと，人々には，戸籍に基づいて①**一定の土地**が与えられた。人々は与えられた土地の面積に応じて②**租**を負担し，さらに一般の成人男子には③**調・庸**のほか，労役や兵役の義務が課せられた。

B 　政府は開墾を奨励するために④**新しく開墾した土地を永久に私有してよいという法令**を出した。貴族・寺社や地方の豪族は私有地を増やしていったため，公地・公民の原則は崩れ始めた。

(1) 　下線部①の土地のことを，何といいますか。

〔　　　　　　　　　〕

(2) 　下線部②と③の税について，それぞれの内容を正しく説明した文を，次の**ア〜エ**から1つずつ選び，記号で答えなさい。

　ア 　絹・糸や地方の特産物を納める。

　イ 　労役の代わりに布を納める。　　　　　　　　　租〔　　　　　　〕

　ウ 　九州北部の防備にあたる。　　　　　　　　　　調〔　　　　　　〕

　エ 　収穫高の約3％の稲を納める。　　　　　　　　庸〔　　　　　　〕

重要 (3) 　下線部④について，743年に出されたこの法令を何といいますか。

〔　　　　　　　　　〕

(4) 　下線部④の法令が出されたときの天皇は，東大寺を建てて大仏をつくらせました。この天皇の名前を答えなさい。

〔　　　　　　　　　〕

4 右の年表を見て，次の各問いに答えなさい。 <5点×4>

(1) 　下線部①の平安京に都を移したのは，何という天皇ですか。

〔　　　　　　　　　〕

重要 (2) 　（　②　）は，天皇の成人後も，天皇を助けて政治を行う役職です。この役職を何といいますか。

〔　　　　　　　　　〕

年代	おもなできごと
794	①**平安京**に都を移す
866	藤原良房が摂政となる
884	藤原基経が（②）になる
894	遣唐使の派遣を停止する
1016	（③）が摂政となる

(3) 　（　③　）は，「この世をば　わが世とぞ思ふ　望月の　欠けたることも　なしと思へば」という歌をよみ，摂関政治の全盛期を築いた人物です。この人物の名前を答えなさい。

〔　　　　　　　　　〕

(4) 　(3)の人物などが暮らした，平安時代の貴族の住宅の様式を何といいますか。

〔　　　　　　　　　〕

8 武士のおこり, 平氏の政治

(1)武士のおこり

平安時代の中ごろ, 各地で土地をめぐる争いが増加。
9〜10世紀 ↓

都の武官や地方の豪族が武芸を身につけ,

武士と呼ばれるように。
　　　　　弓矢や騎馬など戦いの技術

→ 朝廷や地方の役人となり,

天皇の住まいや朝廷の警備,犯罪の取り締まりを担当。

↓

◎＿＿＿＿＿を形成…天皇の子孫の源氏と平氏が有力。

> 武官は, 天皇の住まいの警備に当たった役人。

(2)武士の成長

●武士団を率いての反乱(10世紀中ごろ)

　　　　　の乱…北関東で起こる。

　　　　　の乱…瀬戸内地方で起こる。

→ ほかの武士団によって平定。

→ 朝廷は, 武士の力を認めるように。

★ 地方武士の反乱と奥州藤原氏

●武士どうしの争い(11世紀後半)

　　　　　合戦,　　　　　　合戦…東北地方で起こる。

→ 源義家がしずめ,源氏は東日本に勢力を広げる。

↓

東北地方で,　　　　　　　　　が勢力を広げる。

…拠点は平泉(岩手県)。

…中尊寺金色堂を造営。

> 平氏は, 12世紀前半, 西日本に勢力を広げる。

●地方の武士

…国司が支配する土地(公領)の管理を任される。

…土地(荘園)を開発し,有力な貴族や寺社に寄進(寄付)。

→ 荘園を支配する権利を認められる。

↓ 名目上は貴族や寺社のもの

荘園や公領に館を築き,武士が地方社会の中心に。

> なぜ？
> 有力な貴族や寺院は,税を納めなくてよい権利や,荘園に役人を立ち入らせない権利をもっていたため。

(3)院政と武士

◉11世紀後半，後三条天皇…天皇中心の政治を目指す。

↓

⌐後三条天皇の子

◉1086年，白河天皇…位をゆずり上皇となり，政治を行う。

→ ＿＿＿＿＿＿の始まり。

→ 多くの荘園が院に寄進される。

⌐上皇や上皇の御所を院と呼んだ。

↓

[有力な寺社]…僧を武装させ(僧兵)，勢力拡大。

vs ⌐多くの荘園が寄進されていた。

[上皇・貴族]…武士を都の警備に当てる。

◉上皇と天皇が対立

→ 1156年，＿＿＿＿＿の乱

　… 平清盛と源義朝が味方した後白河天皇が勝利。

→ 1159年，＿＿＿＿＿の乱…平清盛が源義朝に勝利。

↓

平清盛の権力が強まる

(4)平氏の政治

◉ ＿＿＿＿＿＿＿…1167年，武士として初めて太政大臣となる。

→ 一族も朝廷の高い地位に。

→ 多くの荘園と公領を支配。

→ 娘を天皇のきさきとする。

→ ＿＿＿＿＿＿貿易を進める…兵庫の港を整備。

⌐大輪田泊

平氏一族が朝廷の政治を思い通りに動かす

　→ 貴族・寺社・武士の間で不満が高まる。

↓

◉ ＿＿＿＿＿…伊豆で挙兵。源義経らを派遣。

⌐静岡県　　⌐頼朝の弟

1185年，源義経が壇ノ浦(山口県)で平氏を滅ぼす。

なぜ？

後三条天皇は，藤原氏との血縁関係が薄かったので，摂政や関白の力を抑えることができた。

ゴロ

1 1 5 9
人々ご苦労 平治の乱

生まれた子を天皇に。藤原氏の政治とあまり変わらない……。

数字は合戦の行われた年

1185年の勢力圏
── 源義経の進路　▨ 源氏
── 源義仲の進路　▨ 平氏
── 源範頼の進路　▨ 奥州藤原氏

★ 源平の争乱

平氏打倒のため，源氏を中心に各地の武士が挙兵。

9 鎌倉幕府の成立と執権政治

(1)鎌倉幕府の始まり

源頼朝（みなもとのよりとも）

…源平（げんぺい）の争乱の中,鎌倉（神奈川県）を拠点（きょてん）に関東地方を支配。

↓

平氏滅亡後（めつぼう）（1185年）

…国ごとに　　　　　　　,

荘園（しょうえん）や公領（こうりょう）ごとに　　　　　を設置。

> **なぜ？**
> 平氏滅亡（めつぼう）の後に対立した義経（よしつね）をとらえることを口実に,朝廷（ちょうてい）に設置を認めさせて,全国に支配を広げる拠点（きょてん）とした！

　◉守護（しゅご）

　　…諸国の御家人（ごけにん）の統率・軍事・警察。

　◉地頭（じとう）

　　…荘園や公領の管理・年貢（ねんぐ）の取り立て・警察。

源義経（よしつね）をたおし,奥州藤原氏（おうしゅうふじわら）を攻め滅（せ）ぼ（ほろ）す。

　⟶　東日本を支配下に。

> **なぜ？**
> 奥州藤原氏は,義経をかくまったという理由で滅ぼされた。

1192年,源頼朝が　　　　　　　　に任命される。

　　　　　　　　　　全国の武士を従える地位

鎌倉時代の将軍と　　　　　　　

　　鎌倉に幕府が置かれた時代　　　将軍に忠誠をちかった武士

…　　　　と　　　　　の主従関係。

> 頼朝が開いた,本格的な武士の政権を鎌倉幕府という。

　◉御恩（ごおん）

　　…将軍が,御家人の領地を保護,

　　　手柄（てがら）に応じて新たな領地を与（あた）えること。

　◉奉公（ほうこう）

　　…御家人が,京都や鎌倉を警備,

　　　戦いでは命をかけて戦うこと。

　⟶　土地を仲立ちとして主従関係を結んだ（封建制度（ほうけん））。

鎌倉幕府のしくみ

✏〔　　〕の中に言葉を入れましょう。

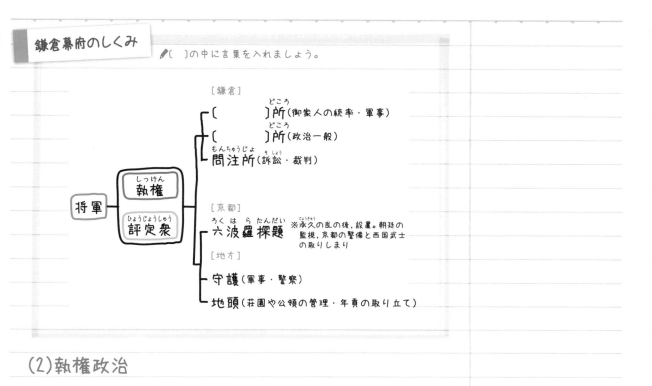

[鎌倉]

〔　　　　　〕所（御家人の統率・軍事）

〔　　　　　〕所（政治一般）

問注所（訴訟・裁判）

将軍 ─ 執権（しっけん）／評定衆（ひょうじょうしゅう）

[京都]

六波羅探題（ろくはらたんだい）　※承久の乱の後、設置。朝廷の監視、京都の警備と西国武士の取りしまり

[地方]

守護（軍事・警察）

地頭（荘園や公領の管理・年貢の取り立て）

(2)執権政治

頼朝の死後，妻の北条政子（ほうじょうまさこ）とその父，北条時政（ときまさ）が
幕府の実権を握（にぎ）る。　　　　　　　↳有力な御家人をまとめた

↓　　↳将軍の補佐役

時政が　　　　　　の地位に就く。

→　北条氏が代々この地位を独占（どくせん）し，政治を行う（執権政治）。

源氏の将軍が3代で絶える。

1221年，後鳥羽上皇（ごとばじょうこう）が　　　　　　　を起こす。

↓　　↳政権を朝廷に取り戻すため

幕府軍に敗れる。

→　京都に　　　　　　　を設置

…朝廷の監視（かんし），京都の警備や，西日本の武士を統率。

1232年，執権北条泰時（やすとき）…　　　　　（貞永式目（じょうえい））を制定。

→　公正な裁判を行うための武士独自の法。

武士の慣習をまとめる。　　↳朝廷の律令とは別

武士の法律の見本。

ゴロ
1 2 2 1
人に不意打ち
承久の乱

ゴロ
1 23 2
一文にしたためた
御成敗式目

今なら政権を取り戻せる！　フフフ…

後鳥羽上皇

10 鎌倉時代の武士と民衆，文化と宗教

(1)武士の暮らし

● 武士の生活
　…領地に館を設け，農民らを使って田畑の耕作。
　自らは常に武芸にはげみ，戦いに備える。
　　　↳騎馬や弓矢

★武芸の訓練（笠懸）

● 武士の一族
　…惣領を中心に団結。
　　　↳一族の長

　領地は分割相続。女性にも相続権あり。
　　　↳あと継ぎ以外にも土地の一部がゆずられた

> 地頭になり，領地を支配する女性もいた。

(2)地頭の支配

● 地頭と荘園領主…土地の支配権をめぐり争う。
　→ 土地の半分が地頭に与えられる（下地中分）。
　↓
　地頭の権利が強まる。

● 農民…領主と　　　　　との二重支配に苦しむ。
　→ 団結し，集団で地頭の厳しい支配を訴えることも！

(3)農業・商工業の発達

● 農業…農地の開発が進み，農業技術が発達。
　→ 　　　　　が始まる
　…同じ耕地で米と麦を交互につくる。

> なぜ？ 農作業に，牛や馬，鉄製の農具，草木を焼いた灰の肥料を使うようになったから。

● 商工業
　村に手工業者…鍛冶屋，紺屋など。
　　　↳農具をつくる　↳染物を行う

　寺社の門前，交通の要所…　　　　　が開かれる。
　→ 売買に宋銭を使用。
　　　↳日宋貿易で輸入
　→ 京都や鎌倉に高利貸し登場。

> 一部の荘園では，年貢を宋銭で納めた。

(4)鎌倉文化

平安時代の文化を受け継ぎ，武士の好みを反映した力強い文化。

（東大寺／撮影・飛鳥園）

力強い！

◎建造物…　　　　　　　　　　　　を再建。
　　　　　└源平の争乱で焼け落ちた

宋の新しい建築様式を取り入れた。

◎彫刻…運慶や快慶らによる　　　　　　　　　。

◎絵画…似絵(写実的な肖像画)。
　　　　　└宋の文化の影響

◎文学　和歌集『新古今和歌集』…藤原定家が編集。
　　　　　└平安時代の伝統を受け継ぐ　　　└後鳥羽上皇の命令

軍記物『　　　　　　』…武士の戦いを描く。
　→琵琶法師によって語られる。

随筆…『方丈記』…鴨長明
　　　『　　　　　』…兼好法師

★金剛力士像

(5)新しい仏教

戦乱やききんが相次ぎ，救いを求める人々にこたえる
わかりやすく信仰しやすい新しい仏教がおこった。
　　　　　　　　　└厳しい修行は不要

天台宗や真言宗など，伝統的な仏教の力もまだ強かった。

「南無阿弥陀仏」が念仏。「南無妙法蓮華経」が題目。

鎌倉時代の新しい仏教

✎〔　〕の中に言葉を入れましょう。

宗派	浄土宗	浄土真宗	〔　　　〕	日蓮宗(法華宗)	〔　　　〕	曹洞宗
開いた人	法然	〔　　　〕	一遍	日蓮	栄西	道元
教え	念仏を唱えれば，極楽浄土に生まれ変われる	阿弥陀如来の救いを信じる心を強調	踊念仏や，念仏札を配って布教	題目で人も国も救われる	禅宗〔　　　〕により悟りを開く	
広がり	公家・武士	武士・民衆	武士・民衆	武士・民衆	公家・武士	武士・民衆

親鸞は法然の弟子。

11 元寇と鎌倉幕府の滅亡

(1)モンゴル帝国とユーラシア世界

◎モンゴル高原…古代より遊牧民が生活。

→ 多くの部族が, 統合や分裂を繰り返す。

◎13世紀初め, ＿＿＿＿＿＿＝ハンが諸部族を統一。

→ モンゴル帝国を建設。

↓

ユーラシア大陸の東西にまたがる大帝国に。

> フビライに仕えたイタリア人のマルコ＝ポーロは, 『世界の記述』の中で日本を紹介。

◎13世紀半ば, 第5代皇帝 ＿＿＿＿＿ ＝ハン

…中国北部を支配。
　　　　　└ チンギス＝ハンの孫

→ 都を大都(現在の北京)に移し,

国号(国名)を ＿＿＿＿ と定める。
　　　　　　└ 中国風

「黄金の国, ジパング!」

マルコ＝ポーロ

モンゴル帝国の拡大

✐下の〔 〕に言葉を入れましょう。

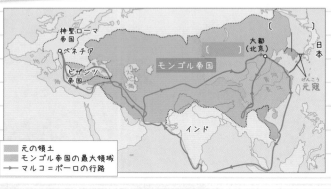

神聖ローマ帝国 / ベネチア / ビザンツ帝国 / 〔 〕大都(北京) / 日本 / モンゴル帝国 / インド / 元寇

■ 元の領土
■ モンゴル帝国の最大領域
→ マルコ＝ポーロの行路

> ムスリム(イスラム教徒)の商人も元を訪れた。

(2)モンゴルの襲来

> 朝鮮半島の高麗を従えたから, 次は日本を従えよう!

◎ ＿＿＿＿＿＿＝ハン…日本に元への服属を要求。

↓

鎌倉幕府の第8代執権 ＿＿＿＿＿＿…要求を無視。

↓

元の大軍が九州北部に二度襲来＝ 元寇
　└ 高麗の軍勢も加わる　　　　└ 蒙古襲来ともいう

フビライ＝ハン

◎ 　　　の役(1274年)…一度目の襲来。

元軍…博多湾岸(福岡市)に上陸。

幕府軍…集団戦法と火薬を使った武器に苦しむ。

→ 元軍は引き揚げる。

↓

幕府…海岸に石の防壁(防塁)を築く。

元…宋を滅ぼす。

└ 御家人に命じた

↓

◎ 　　　　　の役(1281年)…二度目の襲来。

元軍…上陸できず。

暴風雨で大損害→引き揚げる。

> **ゴロ**
> 元の船　とうになし
> 　　1 2 7 4
> 文永の役

(宮内庁三の丸尚蔵館)

★ 元軍(左)と戦う御家人(右)

> **なぜ?**
> 御家人の活躍と,
> 石の防壁のため。

(3)鎌倉幕府の滅亡

◎御家人の不満

…元寇で多くの戦費を負担したが,恩賞は不十分。

…領地の分割相続の繰り返しで土地が減少。

→ 生活苦に!

> **なぜ?**
> 外国との戦いで防衛戦だっ
> たため,領地を獲得できな
> かったから。

↓

◎1297年,永仁の

…御家人の借金を帳消しに。手放した土地は取り返させる。

→ 効果は一時的。

↓

御家人の幕府への反感が強まる。

> 御家人の心は幕
> 府から離れて
> いった。

↓

近畿地方を中心に幕府に従わない悪党が出現。

↓

◎ 　　　　　天皇…倒幕を目指す。

└ 政治の実権を取り戻す目的

→ 有力御家人の足利尊氏や新田義貞,

新興の武士の楠木正成らを味方に付ける。

↓

1333年,鎌倉幕府を滅ぼす。

12 南北朝の動乱と室町幕府

(1)建武の新政から南北朝の動乱へ

後醍醐天皇… ＿＿＿＿＿＿ を始める。

→ 天皇中心の新しい政治。

→ 武士の政治を否定し，公家(貴族)を重視。

↓

武士の不満が高まる。

↓

＿＿＿＿＿＿ が挙兵…武士の政治の復活を目指す。

→ 後醍醐天皇の政権は2年ほどでたおれる。

> **なぜ？**
> 鎌倉幕府をたおすときに活躍した武士たちが公家重視の政治に不満をもち，尊氏を支持した！

ついていけない!!

足利尊氏…京都に新たに天皇を立てる＝北朝。

後醍醐天皇は吉野(奈良県)へ逃れる＝南朝。

> 2つの朝廷が生まれた！

→ 以後約60年間，二つの朝廷の争いが続く＝南北朝時代

南北朝の動乱

(2)室町幕府の成立

1338年，足利尊氏が北朝から ＿＿＿＿＿＿ に

任命される → 京都に幕府を開く。

鎌倉時代	→	南北朝時代
守護	任国の領地化	守護大名

★守護から守護大名へ

南北朝の動乱の中，幕府は守護に強い権限を与えた。

→ 守護の多くは荘園や公領を自分の領地として支配し，

領内の武士を従え，領主化した。

→ ＿＿＿＿＿＿ の誕生。

> 義満が，京都の室町に御所を構えたので，足利氏の幕府を室町幕府という。

1392年，第3代将軍 ＿＿＿＿＿＿ …南北朝を統一。

◎ ＿＿＿＿＿＿ …将軍の補佐役 → 有力な守護大名が

任命される。
細川氏など

◎鎌倉には鎌倉府設置 → 足利氏の一族が鎌倉公方

のちに幕府と対立

◎幕府の収入

…金融業者(土倉や酒屋)を保護 → 税を取る。

…関所を設置 → 通行税を取る。

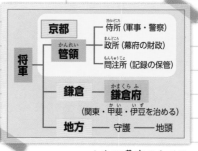

★室町幕府のしくみ

幕府のしくみを比較

✐下の〔　〕に言葉を入れましょう。

〔　　　　　〕幕府　　〔　　　　　〕幕府

将軍がトップ！

有力な守護大名に支えられている

ピラミッド型

将軍

御家人

将軍

ワッセワッセ

守護大名たち

(3) 東アジアとの交流

モンゴル民族を北に退けた。

● 中国…14世紀, 漢民族が　　　　　を建てる。

なぜ？
貿易の利益を幕府の財源にするため！

足利義満…明と　　　　　　　貿易を始める。

→ 正式な貿易船に　　　　　をもたせ,

　　　　　と区別。

┗ 朝鮮半島や中国沿岸で, 貿易の強奪や海賊行為を行う集団

☆勘合☆
ピッタリ！
本物の証に！

● 朝鮮半島

…14世紀末, 李成桂が高麗を滅ぼし,　　　　　を建てる。

　イソンゲ　　コリョ

→ ハングルをつくる。

日本と国交を結び, 民間の貿易も行う。

● 琉球(沖縄)…15世紀初め, 尚氏が　　　　　を建てる。

→ 　　　　　貿易で栄える。

┗ 日本, 中国, 朝鮮半島, 東南アジアと

● 蝦夷地(北海道)…　　　　　民族が暮らす。

→ 狩りや漁, 本州・樺太(サハリン)・ユーラシア大陸と交易。

→ 14世紀, 津軽(青森県)の十三湊の安藤氏と交易。

→ 15世紀, 南部に和人が移住し, 交易をめぐり衝突。

┗ 本州の人々

↓

15世紀半ば, 和人と戦い敗れる…指導者はコシャマイン。

┗ 首長

13 産業の発達, 応仁の乱

(1)産業の発達

◎農業…二毛作が広がる。かんがい用の水車や堆肥の使用が始
まり, 技術が進歩。　　　　　　　　　　　└牛馬のふん

→ 収穫が増える。

→ 麻・桑・藍・茶の栽培が広がる。

> 月3回から6回に。

◎商業…各地に定期市。

→ 運送業…物資を運ぶ＿＿＿＿＿・車借, 倉庫業も兼ねた問
　　　　　　　　　　　　　　　　　　　　　(問丸)。

→ 金融業…＿＿＿＿＿＿(質屋)や酒屋。

> 馬借です!
> 馬で物資を運ん
> でます。

＿＿＿＿＿…商人や手工業者の同業者の団体。

→ 貴族や寺社などに税を納めて保護を受け, 営業を独占。

◎都市の発達…各地の港や寺社の門前。

→ 京都…町衆による自治, 祇園祭。
　　　　└裕福な商工業者

→ 博多(福岡県), 堺(大阪府)…明や朝鮮との貿易で栄える。

(2)村の自治

◎＿＿＿＿＿＿…村の自治組織。
　　　└有力な農民が中心

→ 寄合を開き, 村のおきてを定める。

↓

荘園領主や守護大名に抵抗するように。

→ 多くの村が結び付き, 年貢を減らす交渉など。

> なぜ?
> 団結を強めた人々は, 自分た
> ちのことは自力で解決しよう
> と行動するようになった!

◎＿＿＿＿＿＿…土倉や酒屋を襲い, 借金の帳消しなどを要求。

正長の土一揆(1428年)
…近江国(滋賀県)の馬借が中心。幕府に徳政令を要求。

(3)応仁の乱から戦国時代へ

第8代将軍 ＿＿＿＿＿＿＿＿ のあと継ぎ問題をめぐり
有力な守護大名が対立。

      ↓　　└ 山名氏と細川氏

1467年, ＿＿＿＿＿＿＿＿…京都から全国に広がる。

   → 11年間続き, 京都は焼け野原に。

        ↓

乱後, 将軍の権力は衰え,
天皇や貴族, 寺社の領地は武士に奪われる。

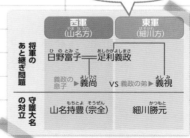

多くの守護大名が, 東軍と西軍に分かれて戦った。

	西軍 (山名方)	東軍 (細川方)
将軍の あと継ぎ 問題	日野富子—足利義政	
	義政の 息子 ▶義尚	VS 義政の弟▶義視
守護大名 の対立	山名持豊(宗全)	細川勝元

★応仁の乱開始時の対立関係

  ◉山城国一揆…武士と農民が守護大名を追い払う。

    → 8年間自治を行う。

  ◉加賀の一向一揆…浄土真宗(一向宗)の信仰で

    結びついた人々が守護大名をたおす。

    → 約100年間自治を行う。

★一揆の発生地

        ＿＿＿＿＿の風潮が広がる。

  …下の身分の者が上の身分の者に実力で打ち勝ち

   権力を奪う風潮。

        ↓

    ＿＿＿＿時代…応仁の乱以後, 各地で戦国大名が活躍した

約100年間。　　　└ 幕府は力を失っていた

守護大名の家来が大名の地位を奪ったり,
守護大名が幕府の支配から離れたりして
戦国大名となった。

  ◉戦国大名の支配

   → 近くの大名との戦いに備え, 領国の武士をまとめて

    強力な軍隊をつくる。

   → 城…山城から交通に便利な平地に。

   → ＿＿＿＿＿をつくる…城の周辺に家来を集め,

    商工業者を呼ぶ。

   → 独自の法律である ＿＿＿＿＿を定める。

14 室町文化

(1)室町文化

貴族(公家)の文化と，禅宗の影響を受けた武士(武家)の文化が
混ざり合った文化。

北山文化…第3代将軍　　　　　　のころ。

→ 貴族の文化と武士の文化の融合がみられる。

東山文化…第8代将軍　　　　　　のころ。

→ 禅宗の影響が強く，簡素で気品がある。

◉ 建造物

　　　　(京都府)…足利義満が建てた。

　　　　(京都府)…足利義政が建てた。
→ 書院造…床の間・ふすま・畳・違い棚など。
　　　現代の和風住宅のもとになる。

枯山水…水を使わず，石や木で自然の風景を表現した庭園。

→ 禅宗の寺で多くつくられた。龍安寺の石庭など。

→ 河原者と呼ばれる人々がつくった。
　　　　差別を受けていた

◉ 美術

水墨画…墨一色で自然を表現する絵画。

→ 禅僧の　　　　　　が優れた作品を残す。
　　　　明(みん)にわたり水墨画を学ぶ

◉ 芸能
　　　　　　義満の保護を受けた
観阿弥・世阿弥…　　　　　を大成。

→ 民衆の間で行われていた田楽・猿楽をもとにしている。

銀閣と同じ敷地にある東求堂という建物の同仁斎という部屋。

義政の書斎だった。

★ 書院造の部屋

床の間には書・絵画や花が飾られた。

能面

(ColBase (https://colbase.nich.go.jp))

★ 水墨画(雪舟画)

(2)室町文化の広がり

民衆が経済的に豊かになるにつれ, 民衆の間にも文化が広がっ
た。

茶の湯

● 連歌…複数の人で和歌の上の句と下の句を次々に詠みつなぐ。
　　→ 地方を旅する連歌師によって広まる。

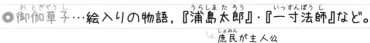

● 茶の湯…鎌倉時代に栄西が伝えた茶を飲む習慣が広まり,
　　　　　茶の湯として流行。

● 御伽草子…絵入りの物語, 『浦島太郎』・『一寸法師』など。
　　　　　　└ 庶民が主人公

● 能…各地の農村の祭りでも行われる。
　　→ ＿＿＿＿＿＿…能の合間に演じる喜劇。　　　　　┄┄┄┄ 当時の話し言葉を
　　　　　　　　　民衆の生活や感情を表現。　　　　　　　　　　使っている。

● 現在に引き継がれる文化や年中行事
　　…正月・節句・盆踊りなど。

盆踊り

● 鎌倉時代におこった新しい仏教の広まり。
　　→ 浄土真宗…北陸地方や近畿地方の武士や農民へ。
　　→ 日蓮宗(法華宗)…京都や堺の町衆へ。
　　→ 曹洞宗…北陸地方や九州地方へ。

● 足利学校(栃木県)…15世紀中ごろ, 守護大名の上杉氏が整備。
　　→ 各地から僧や武士が集まり, 儒学を学んだ。

足利学校

● 都の文化が地方の城下町へ…応仁の乱
　　で荒廃した京都から, 貴族や僧が地方の
　　戦国大名の下に行ったため。

確認テスト②

/100

●目標時間：３０分　●１００点満点　●答えは別冊25ページ

1 次の文を読んで，あとの各問いに答えなさい。
<(2)と(5)は4点×2，他は5点×6>

　源 頼朝は，（　ア　）の戦いで平氏を滅ぼすと，a**守護・地頭**の設置を朝廷に認めさせて，b**御家人**をこれに任じた。1192年，頼朝はc**武士としての最高職**に任じられた。頼朝の死後は，（　イ　）として勢力を伸ばした北条氏が鎌倉幕府の実権を握った。源氏の将軍が３代で絶えるとd**京都の朝廷は，混乱に乗じて幕府をたおそうとして兵を挙げた**が，北条氏に率いられた幕府の大軍に敗れ，こののち，幕府の勢力は全国に広がった。1232年には，（　ウ　）がe**最初の武士の法律**を制定するなどし，幕府政治は安定していった。

(1) 文中の（　ア　）～（　ウ　）に当てはまる語句や人物の名前を，それぞれ答えなさい。

ア［　　　　　　　　］イ［　　　　　　　　　］ウ［　　　　　　　　］

(2) 下線部**a**について，国ごとに置かれた役職はどちらですか。　［　　　　　　　　］

重要 (3) 下線部**b**で，将軍が御家人の領地を保護したり，新しく与えたりすることを何といいますか。　　　　　　　　　　　　　　　　　　　　　　［　　　　　　　　］

(4) 下線部**c**の武士としての最高職を何といいますか。　［　　　　　　　　］

(5) 下線部**d**の戦いを何といいますか。次の**ア**～**エ**から１つ選び，記号で答えなさい。
　ア 承久の乱　　**イ** 壬申の乱　　**ウ** 平治の乱　　**エ** 保元の乱
　　　　　　　　　　　　　　　　　　　　　　　　　　　　　［　　　　　　　　］

(6) 下線部**e**の，最初の武士の法律を何といいますか。　［　　　　　　　　］

2 次の文を読んで，あとの各問いに答えなさい。
<(4)は4点，他は5点×6>

A 元は日本に服属を要求したが，執権の（　　）が拒否したため，二度にわたって攻めてきた。
B 鎌倉幕府を滅ぼした（　　）は，天皇中心の新しい政治を始めた。
C ２つの朝廷の争いは約60年間続き，第3代将軍のとき統一された。
D 1467年から，京都を中心に11年間も戦乱が続いた。

(1) **A**の（　　）に当てはまる人物の名前を答えなさい。また，このできごとを何といいますか。漢字で答えなさい。

　　　　　　人物［　　　　　　　　　］　できごと［　　　　　　　　］

(2) **A**のあと，生活が苦しくなった御家人の中には，領地を売ったり質に入れたりして土地を手放す者が増えました。そこで幕府は，御家人を助けるための法令を出しました。この法令を何といいますか。

〔　　　　　　　　　　　　　　　〕

(3) **B**の（　　）に当てはまる天皇の名前を答えなさい。また，この政治を何といいますか。

天皇〔　　　　　　　　　　　〕　政治〔　　　　　　　　　　　〕

重要 (4) **C**の第3代将軍に当てはまる人物を，次の**ア～エ**から1人選び，記号で答えなさい。

ア　足利義政<ruby>あしかがよしまさ<rt></rt></ruby>　イ　源 実朝<ruby>みなもとのさねとも<rt></rt></ruby>　ウ　足利義満<ruby>あしかがよしみつ<rt></rt></ruby>　エ　藤原道長<ruby>ふじわらのみちなが<rt></rt></ruby>

〔　　　　　　　　　　　　　　　〕

(5) **D**について，この戦乱を何といいますか。

〔　　　　　　　　　　　　　　　〕

3 鎌倉時代と室町時代の文化について，次の各問いに答えなさい。

<(1)②記号と(4)は4点×2，他は5点×4>

(1) 右の写真を見て，次の問いに答えなさい。

〈東大寺／撮影・飛鳥園〉

① 鎌倉時代につくられた右の写真の彫刻を何といいますか。

〔　　　　　　　　　　　〕

② ①の彫刻が収められている建造物を何といいますか。また①の彫刻の制作の中心となった人物を，次の**ア～エ**から1人選び，記号で答えなさい。

ア　行基<ruby>ぎょうき<rt></rt></ruby>　イ　鑑真<ruby>がんじん<rt></rt></ruby>　ウ　西行<ruby>さいぎょう<rt></rt></ruby>　エ　運慶<ruby>うんけい<rt></rt></ruby>

建造物〔　　　　　　　　　　　〕　記号〔　　　　　　　　　　　〕

(2) 源平<ruby>げんぺい<rt></rt></ruby>の争乱を描<ruby>えが<rt></rt></ruby>き，琵琶法師<ruby>びわほうし<rt></rt></ruby>によって語られた軍記物を何といいますか。

〔　　　　　　　　　　　〕

(ColBase（https://colbase.nich.go.jp/）)

(3) 雪舟<ruby>せっしゅう<rt></rt></ruby>が描いた，右のような絵画を何といいますか。

〔　　　　　　　　　　　〕

※一部加工して作成

重要 (4) 室町時代に広がり，現代の和風建築のもとになった建築様式を，次の**ア～ウ**から1つ選び，記号で答えなさい。

ア　書院造<ruby>しょいんづくり<rt></rt></ruby>　イ　寝殿造<ruby>しんでんづくり<rt></rt></ruby>　ウ　校倉造<ruby>あぜくらづくり<rt></rt></ruby>

〔　　　　　　　　　　　〕

41

15 中世ヨーロッパとイスラム世界

(1)中世のヨーロッパとキリスト教

中世のヨーロッパ…5世紀～15世紀ごろまで。

→ キリスト教が, 人々の考えや生活に大きな
影響を与えていた時代。

ローマ帝国は4世紀末に東西に分裂。その後, 西ローマ帝国は5世紀に滅亡, 東ローマ帝国は15世紀まで続いた。

○ _____ 教皇(法王)…カトリック教会の首長。
　　　　　└ローマ帝国分裂後, 勢いを増す

→ 大きな権威をもち, 諸国の王を服従させることも。

→ 西ヨーロッパ諸国の王や貴族は, 教会と結びつきを強めて勢力を広げる。

```
            ローマ帝国
4世紀末        ↓ 分裂
      西ローマ帝国    東ローマ帝国
                   (ビザンツ帝国)
5世紀末   ↓ 滅亡
中世
15世紀            ↓ 滅亡
```
★ 中世までのヨーロッパ

(2)イスラム世界の発展

★ イスラム世界の広がり

イスラム世界…8世紀中ごろ, 中央アジアからイベリア半島まで勢力を広げる。

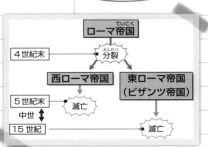

```
フランク王国                           唐
      コンスタンティノープル
      (イスタンブール)
      ビザンツ帝国
              バグダッド
        エルサレム
              ●メディナ
              ○メッカ
622～632年 ┐
632～661年 ┤イスラム教
661～750年 ┘勢力の範囲
← ムスリム軍の進路
```

→ その後の動き。
13世紀…モンゴル帝国の支配を受ける。

15世紀… _____ 帝国がビザンツ帝国を征服。

16世紀…インドにムガル帝国成立。

東は唐, 西はヨーロッパと接している。

○ _____ (イスラム)商人
…東地中海, アフリカ東岸, インド, 東南アジアで活動。ヨーロッパに, 香辛料などアジアの産物を運ぶ。
　　　　└ヨーロッパで人気だった

○ 学問…古代ギリシャの学問を発展させる。
　　　　└ビザンツ帝国から受け継ぐ

天文学の研究です!

→ 数学, 科学, 天文学, 医学は当時の世界最高水準。

→ 羅針盤, 火薬, 製紙・印刷の技術を改良。

中国から伝わったもの。のちにヨーロッパに伝わる。

(3) 十字軍（じゅうじぐん）

ユダヤ教・キリスト教・イスラム教
の聖地

11世紀，イスラム教の国が聖地エルサレムを勢力下に。

↓

ローマ教皇（法王）が，エルサレムの奪回（だっかい）を呼びかける。

なぜ？
●聖地エルサレムを奪い返すため。
●各国の王や商人が勢力を伸ばそうとしたため。

西ヨーロッパ諸国の王や貴族… ＿＿＿＿＿＿ を組織。
→ エルサレムを目指す。

↓

約200年にわたり，たびたび派遣（はけん）。
→ 奪回は失敗。
　一方で，イスラム世界の学問や文化，東南アジアの産物など
がヨーロッパに伝わる。

なぜ？
イタリア商人とムスリム商人の貿易が活発になったため。

(4) ルネサンス

＿＿＿＿＿＿（文芸復興）…14世紀，イタリアの都市で始まる。
イスラム世界との貿易で栄えた

16世紀にかけて，西ヨーロッパ各地に広まる。

→ 古代の ＿＿＿＿＿ やローマの文化を理想とし，人間らしい
個性や自由を求める新しい文化。

●芸術…人の生き生きとした姿を表現。
　　　　　　　　…「モナ＝リザ」。

ミケランジェロ…「ダビデ」。
ボッティチェリ…「春」。

カトリック教会の考え方にとらわれない，実験や観察が行われた。

●科学技術
火薬・羅針盤（らしんばん）の改良，活版（かっぱん）印刷の発明。
中国からムスリム商人によって伝えられた

コペルニクスやガリレイ…地動説を唱える。
カトリック教会は天動説を支持

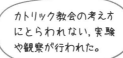

43

16 ヨーロッパ人の世界進出

(1)宗教改革

16世紀初め，ローマ教皇（法王）が，資金集めのため，
免罪符を売り出す。
　　└ 買うと罪が許されるとした札

↓

カトリック教会の腐敗を正そうとする運動の
　　　　　　　　が始まる。

　◎　　　　　　　…1517年，ドイツで。
　　「聖書だけが信仰のよりどころである！」
　　　　　　└ 教皇や教会の権威を否定

　◎カルバン…スイスで。

　◎　　　　　　　　…改革を支持する人々。
　　　└ 抗議する者

カトリック教会…勢力立て直しを目指す。
　→　　　　　　　　が中心となり改革開始。
　→ 海外布教に力を入れ，宣教師を派遣。
　　　└ アジアやアメリカ大陸　　└ ザビエルなど

十字軍の失敗後，ローマ教皇の権威は衰え，カトリック教会は資金不足に陥っていた。

なぜ？

ローマの大聖堂修築という名目で，免罪符を売り出した。

免罪符　ダメゼッタイ！
NO！

↑カルバン　ルター↑
キリスト教を改革しよう！

プロテスタント→
の信者

(2)新航路の開拓

羅針盤の実用化，航海術の進歩などで，遠洋航海が可能になった。

　　　　　時代
…15世紀，ヨーロッパの国が，海路でアジアに直接行くための
新たな航路の開拓を始める。

　● 先がけとなった国
　　　…ポルトガルとスペイン。
　　　　　　└ カトリックの国

　● 目的
　　　…キリスト教を広めること。
　　　…アジアの香辛料などの富を直接手に入れること。
　　　　　　└ 肉の保存や薬として利用

★ 新航路が開拓される前の
アジアの物資の動き

ヨーロッパ
イタリア
オスマン帝国
インド
東南アジアの産物
イタリア商人が運ぶ
ムスリム商人が運ぶ

香辛料などアジアの産物は，ムスリム商人を通して買っていたためたいへん高かった。

No.

◎ ＿＿＿＿＿＿＿＿＿…スペインが支援。

→ 1492年, カリブ海の島(西インド諸島)に到達。

└ アメリカ大陸付近

◯ 大西洋を横断して, アジアを目指した。

◉ バスコ＝ダ＝ガマ…ポルトガルの航海者。

→ 1498年, アフリカ南端を回りインドに到達。

└ 喜望峰

◯ ヨーロッパとインドが海路で直接つながった！

◎ ＿＿＿＿＿＿の船隊…スペインが後援。

→ 16世紀, 世界一周に初めて成功。

◯ 地球が球体であると証明！

新航路の開拓

🖊下の〔 〕の中に名前を入れましょう。

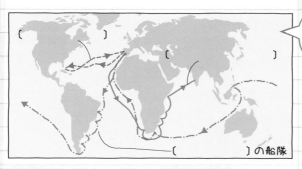

〔 〕 〔 〕 〔 〕 〔 〕の船隊

◯ コロンブスはインドに到達したと信じていた。

コロンブス

(3)ヨーロッパ諸国の世界進出

◉ ポルトガル…インドのゴア, マレー半島のマラッカを拠点。

→ 香辛料を中心としたアジアとの貿易。

★大西洋の三角貿易

◉ スペイン…アメリカ大陸で, 先住民の支配者をたおす。

→ 広大な ＿＿＿＿＿＿ を築く。

→ 先住民を労働させ, 銀の鉱山や大農園を開発。

└ さとうきびなど

◉ 三角貿易…アフリカの人々をアメリカ大陸へ

└ 労働力の不足を補うため

◯ 多くのアフリカの人々が奴隷として, アメリカ大陸に送られた。

◉ オランダ…17世紀, 東インド会社設立, アジアに進出。

└ プロテスタントが多い国　　└ 日本とも貿易

→ ヨーロッパの商業・金融の中心に。

17 ヨーロッパ人の来航, 信長の統一事業

(1)ヨーロッパ人の来航

1543年, ポルトガル人が種子島に漂着し, ＿＿＿＿＿を伝える。

└ 鹿児島県　　　　　　　　　　└ 戦国大名が注目!

ゴロ

以後 予算が増えた

鉄砲伝来

← 火縄銃

↓

堺(大阪府)・国友(滋賀県)などで, 刀鍛冶による製造開始。

→ 全国に普及し, 戦い方, 武具, 城のつくりが変わる。

→ 全国統一の動きが加速。

1549年, フランシスコ＝ザビエルが ＿＿＿＿＿を伝える。

└ イエズス会の宣教師, 鹿児島に上陸

ゴロ

以後 よく広まる

キリスト教

→ 多くの宣教師が来日。布教を進め,

キリスト教信者(キリシタン)が増える。

なぜ?

宣教師が学校・病院などを
つくって慈善事業なども
行ったため。

南蛮貿易… ＿＿＿＿＿人やスペイン人との貿易。

→ 日本から大量の銀が持ち出される。

輸入品は,
明の生糸・絹織物,
ヨーロッパの鉄砲・火薬・
時計・ガラス製品など。

↓

ポルトガル船は, 布教を許可した領主の港に来航。

→ 貿易の利益のため,

信者になる戦国大名が登場(キリシタン大名)。

↓

天正遣欧使節…4人の少年をローマ教皇のもとへ。

派遣したのは,
キリシタン大名の
大友氏, 大村氏, 有馬氏。

(2)織田信長の統一事業

＿＿＿＿＿…尾張(愛知県)の小さな戦国大名だった。

● 1560年, 桶狭間の戦い

…駿河(静岡県)の大名今川義元を破り, 勢力拡大。

信長

武力で天下を統一するぞ!

● 1573年, 第15代将軍足利義昭を京都から追放。

→ ＿＿＿＿＿を滅ぼす。

翌年から, 安土
(滋賀県)に城を
築き始める。

● 1575年, ＿＿＿＿＿の戦い

…鉄砲を活用し, 甲斐(山梨県)の大名武田勝頼を破る。

長篠の戦い

🖊〔　〕に「織田」「徳川」「武田」のどれかを入れましょう。

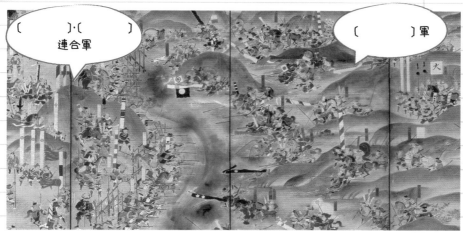

〔　　　〕・〔　　　〕連合軍

〔　　　〕軍

大

（徳川美術館所蔵　ⓒ徳川美術館イメージアーカイブ／DNPartcom）

→ 以後，鉄砲を使う戦いが主流に。

◎ 琵琶湖（滋賀県）のほとりに　　　　　　を築く。
　→ 全国統一の拠点に。

> 巨大な天守（天守閣）をもつ城。

◎ 1582年，本能寺の変…家臣の明智光秀に背かれて自害。
　↳ 全国統一目前だった

(3) 信長の政策

> 安土城下では，誰でも自由に商売できるようになったんだ。

◎ 　　　　　　　　　…商工業を活発にするため，安土城下で，市の税を免除し，座を廃止。

◎ 関所の廃止…自由な交通を可能に。
　↳ 関所は，通行税を取り流通のさまたげだった

◎ 仏教勢力…武力で従わせた。
　なぜ？ 信長に敵対したので。
　→ 比叡山延暦寺を焼き討ち。
　→ 各地の一向一揆と戦い，拠点の石山本願寺を降伏させる。

◎ キリスト教…保護した。
　なぜ？ 仏教勢力への対抗と，貿易による利益のため。

18 秀吉の全国統一, 桃山文化

(1)豊臣秀吉の統一事業

…織田信長の家臣。

明智光秀をたおして, 信長の後継者に。

→ 全国統一を目指す。

● 1583年, ＿＿＿＿＿を築き, 全国統一の拠点とする。

> 関白に任命された秀吉は, 天皇の権威を利用して全国の大名に停戦を命じるなど, 統一事業を進めた。

↓

● 1585年, 朝廷から関白に任命される → 翌年, 太政大臣に。

このとき朝廷から豊臣の姓をもらう

↓

● 1590年, 小田原の＿＿＿＿＿を滅ぼして 全国を統一

ゴロ 検地 ほいっ
1 5 8 2
どうでもいいやに
太閤検地

(2)秀吉の政策

● ＿＿＿＿＿…年貢を確実に取るための政策。

→ 田畑の面積, 土地のよしあしを調べ,

統一したものさしやますを用いた

> 実際の耕作者の名前と, 調査の結果を検地帳に記録した。

予想される収穫量を＿＿＿＿＿で表す。

→ 百姓…土地を耕す権利が保障され,

代わりに, 石高に応じた年貢を納める義務を負う。

領主である武士に納めた

→ 武士…与えられた領地の石高に応じた軍役を果たす。

→ 荘園領主(公家や寺社)…土地に対する権利を失う。

> 荘園制度は完全に崩れた。

● ＿＿＿＿＿…一揆を防ぐための政策。

→ 百姓や寺社から武器を取り上げた。

● ＿＿＿＿＿…武士と農民の区別が明確になること。

→ 太閤検地と刀狩で進む。

> なぜ？
> 長崎がキリシタン大名によってイエズス会に寄進されていることなどを知ったため。

● 宣教師の国外追放を命令。

キリスト教が全国統一の妨げになると考えた

→ 南蛮貿易は認めたので, 政策は不徹底に。

◎朝鮮侵略…明の征服を目指し，朝鮮に二度，大軍を送る。

なぜ？
朝鮮が日本への服属と，協力を拒否したから。

1回目：1592年，
　→ 李舜臣が率いる水軍の活躍，明の援軍，民衆の抵抗
　　などのため苦戦し，休戦。

2回目：1597年，
　→ 苦戦し，秀吉の病死をきっかけに全軍が引き揚げる。
　　　↓
豊臣氏没落の原因となった。

秀吉は文系に
文禄の役
慶長の役
を挑戦
朝鮮侵略

(3)桃山文化

織田信長と豊臣秀吉の時代に栄えた ------
新興の大名や大商人の気風を反映した壮大で豪華な文化。

織田信長と豊臣秀吉の時代を，安土桃山時代という。

◎建造物
安土城や大阪城…高くそびえる天守（天守閣）と，巨大な石垣。
　→ 支配者の強大な権力と富が示される。

◎絵画
　　　…「唐獅子図屏風」など。
　→ きらびやかな絵（濃絵）が，城のふすまや屏
　　風，天井に描かれる。

（宮内庁三の丸尚蔵館）
★ 唐獅子図屏風（狩野永徳画）

◎芸能
　　　…わび茶を完成。

◎民衆の文化
出雲の阿国…京都でかぶき踊りを始める。

なぜ？
南蛮貿易が，さかんに行われたため。

今，流行の「南蛮ファッション」

◎南蛮文化…ヨーロッパの文化が流入。
　→ 天文学・航海術・医学，活版印刷術。
　→ ヨーロッパ風の衣服の流行
　→ パン・カルタ・カステラ・眼鏡・時計

19 江戸幕府の成立と支配のしくみ

(1)江戸幕府の成立

_____...豊臣秀吉の死後,勢力を伸ばす。
　└ 関東を領地としていた

↓

1600年,_____の戦いで,石田三成らを破る。
　→ 全国支配の実権を握る。

↓

1603年,_____に任命され,江戸幕府を開く。
　→ 江戸に幕府が置かれた260年余りを,江戸時代という。

↓

1614,1615年,二度にわたる大阪の陣で,豊臣氏を滅ぼす。
　→ 幕府の基礎を固める。

ゴロ

家康は 一路王座に
1 6 0 3
まっしぐら

(2)幕藩体制の確立

_____...幕府の直接の支配地 ---------→

将軍の直属の家臣の領地も含めると,全国の石高の約4分の1。

幕府のしくみ...多くの役職が置かれ,職務を分担。
◎ _____...幕府の政治を行う。若年寄が補佐。
　└ 将軍が任命

◎ 三奉行...町奉行・勘定奉行・寺社奉行

大名と藩

→ 大名...1万石以上の領地を与えられた武士。
→ 藩...大名の領地とそれを支配する組織。
　◎ 親藩...徳川家の一族。
　◎ 譜代大名...古くからの徳川家の家臣。
　◎ _____...関ヶ原の戦いのころから
　　徳川家の家臣になった大名。

↓

_____が確立。
→ 将軍を中心として,幕府と藩が全国の土地と民衆を支配。

★江戸幕府のしくみ

将軍直属の家臣

　◉ 旗本…将軍に直接

　　会える。

　◉ 御家人…将軍に直

　　接会えない。

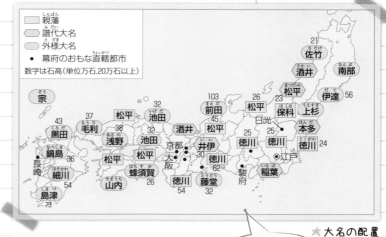

凡例
- 親藩
- 譜代大名
- 外様大名
- ● 幕府のおもな直轄都市
数字は石高(単位万石,20万石以上)

宗

黒田 43

毛利 37

浅野 38

鍋島 36

細川 54

長崎

島津 73

山内 26

松平

蜂須賀 26

松平

池田 32

池田

松平

徳川

藤堂 32

京都 大阪

井伊 30

徳川 62

駿府

徳川 54

前田 103

松平 45

酒井

松平 26

保科 25

日光

徳川 25

徳川 25

佐竹 21

酒井

南部

伊達 56

上杉 23

本多

徳川 24

江戸

稲葉

★大名の配置

外様大名は,江戸から遠い地域に配置された。

大名・朝廷の統制

　◉ ＿＿＿＿＿＿＿ を

　　定め,大名を統制。

　　→ 第3代将軍徳川家光…＿＿＿＿＿＿を制度化。

参勤交代のしくみ

✏ 〔　〕の中に言葉を入れましょう。

〔　　　　〕　　　　〔　　　　〕

1年おきに江戸と領地を往復

出費がかさんでタイヘン…

　◉ 京都所司代を置き,朝廷を監視し,禁中 並 公家諸法度を定

　めて,天皇や公家も統制。

(3)身分と暮らし

　◉ ＿＿＿＿＿…支配階級。名字を名乗る・帯刀などの特権。

　　　╰全人口の約7% 　　　　　　　　╰刀を差すこと

米で支給される俸禄を代々与えられた。

　◉ 百姓…村に住み,自給自足に近い生活。

　　→ 土地をもつ本百姓,もたない水のみ百姓。

　　→ 本百姓の庄屋(名主)・組頭・百姓代による村の自治。

　　→ ＿＿＿＿＿の制度…年貢納入や犯罪防止に連帯責任。

全人口の約85%を占め,大部分は農業を営む。

なぜ?
武士の生活を支えていた年貢を,安定して取るため。

　◉ 町人…商人と職人。主に城下町に住む。

　◉ えた身分・ひにん身分…厳しい差別を受けた人々。

20 貿易の振興から鎖国へ

(1)貿易の振興

徳川家康による貿易政策

　　大名や豪商に朱印状を発行し，貿易をすすめる。

　　→ ＿＿＿＿＿＿＿…朱印状をもった船による貿易。

　　　　　　　　↓

　多くの日本人が東南アジアに移住→各地に＿＿＿＿＿。

> **なぜ？**
> 貿易の収入の一部を幕府に納めさせることで，利益を得るため。

> 東南アジア各地に行き，貿易を行った。

(2)禁教と貿易の統制

貿易がさかんになり，キリスト教の信者は増加。

　　　　　　↓　　家康は貿易の利益のため，初めはキリスト教を黙認

1612年，幕領でキリスト教を禁止（禁教令）。

　　→ 翌年，全国へ拡大。

1635年，日本人の海外渡航と帰国を禁止。

　　→ 朱印船貿易が終わる。

> **なぜ？**
> ヨーロッパの国の多くは貿易とともにキリスト教の布教もすすめていたため。

> **なぜ？**
> 領主より神への信仰を大事にする教えが，幕府の支配の妨げになっていった。

1637年，＿＿＿＿＿＿＿＿＿＿。

　　…領主によるキリスト教信者への迫害と，

　　　厳しい年貢の取り立てに反発。

　　　　→ 4か月後，幕府の大軍が鎮圧。

　　　　　　　　↓

> 島原（長崎県）や天草（熊本県）の人々が起こした一揆。

1639年，＿＿＿＿＿＿＿船の来航を禁止。

1641年，オランダ商館を＿＿＿＿に移す。

　　　　　　　　　└ 長崎港内につくられた人工の島

　　　　　　　　↓

以後，中国とオランダだけが長崎で貿易を許される。

　　　　　　　　↓

幕府による「禁教の徹底・貿易統制・外交独占」の体制が固まる。

　　→ のちに＿＿＿＿と呼ばれる。

> **なぜ？**
> オランダはキリスト教の布教を貿易の条件にせず，中国はキリスト教の国ではなかったため。

幕府による禁教の強化

　　◎＿＿＿＿＿＿…キリスト教信者を見つけ出すため。

　　　→ 役人の前で，キリストや聖母マリアの像を踏ませた。

　　◎宗門改…人々が仏教徒であることを寺に証明させる。

踏まないと罰せられる…

踏絵

(3)鎖国下での対外関係

交易の窓口

◎オランダ…出島のオランダ商館で取り引き。

「オランダ風説書」を幕府に提出。

↳ これで幕府は海外の情報を知った

◎中国…長崎で貿易。 - - - - - - - - - - - - -

→ 中国人は,17世紀後半より唐人屋敷に住まわせた。

↳ 出島の近くに建設

> 中国では,17世紀前半に清が建国され,明が滅んだ。

★ 鎖国下で対外的に開かれた窓口

清	樺太(サハリン)
	蝦夷地
	松前
朝鮮	
対馬	江戸
長崎	
	薩摩
琉球	

◎朝鮮…　　　　　　藩(長崎県)の宗氏の努力で国交回復。

→ 　　　　　　　　…将軍の代がわりなどに江戸へ。

◎琉球王国(沖縄県)…　　　　　　藩(鹿児島県)が征服。

中国への朝貢貿易や中継貿易を管理し,利益を得る。

→ 　　　　　　　　…将軍や琉球国王の代がわりに

江戸へ。

> •　　　が開かれた4つの窓口。

◎蝦夷地(北海道)…松前藩が　　　　　　　　民族との交易を独占。

↓

↳ アイヌの人々の指導者

アイヌの人々…　　　　　　　　を中心に戦いを起こす。

経済的支配はさらに厳しいものに。

> なぜ？
>
> 松前藩が,アイヌの人々にとって不利な交易を行ったため。

禁教と貿易の流れ

🖊[　]の中に人名を入れましょう。

～安土桃山時代～　〔　　　　　〕

〔　　　　〕

キリスト教は禁止！

キリスト教保護

貿易はOK

～江戸時代～　家光

キリスト教も貿易も禁止！！

絵踏

鎖国

出島

21 産業の発達と都市の繁栄

(1)産業の発達

◉ 農業の発展

　　　　　　…幕府や藩が新たな耕地を広げる。

農具の開発…　　　　　　　,千歯こき,とうみなど。
　　　　　　深く耕せる　　　効率よく脱穀できる

肥料の使用…干鰯や油かす(←購入して用いる)。

商品作物の栽培が広まる。
　　…木綿,菜種など,売ることを目的につくる。

> **なぜ?** 年貢を増やすため。

> 18世紀初め,耕地面積は豊臣秀吉のころの約2倍に!

> **なぜ?** 米の生産力が高まり,余裕が生まれたから。

◉ 諸産業の発展

水産業
　九十九里浜(千葉県)…地引き網によるいわし漁。
　　→ 干鰯に加工され,肥料として各地に売られる。
　蝦夷地(北海道)…にしん漁,こんぶ漁

千歯こき

鉱業
　佐渡金山(新潟県),石見銀山(島根県),生野銀山(兵庫県),
　足尾銅山(栃木県)など。
　　→ 17世紀,金・銀は世界有数の産出量に。
　　→ 幕府は貨幣をつくり,全国に流通させた。

備中ぐわ

特産物の生産…しょうゆ(千葉県),酒(兵庫県),磁器(石川県・
　　　　　　　佐賀県)など。

(2)都市の繁栄

◉ 三都(江戸・大阪・京都)が目覚ましく発展。

江戸…「将軍のおひざもと」

大阪…「天下の台所」
　　→ 諸藩が　　　　　を置き,
　　　年貢米や特産物を売りさばく。

京都…工芸・学問の中心
　　→ 西陣織など優れた工芸品

(国立歴史民俗博物館)
★ にぎわう江戸・日本橋

● 都市の大商人

　　　　…商人の同業者組合。

→ 幕府や藩に税を納める代わりに,営業を独占。

両替商…金銀の交換,金貸しで経済力をつける。

(3)交通路の整備

幕府は,全国支配のため,主要な道路を整備した。

● 陸上交通

　　　　…日本橋を起点とする。

　　　　…東海道・中山道・日光道中・奥州道中・
　　甲州道中

関所…東海道の箱根,中山道の碓氷など。

→ 江戸を守るため,人々の通行や江戸に
　　入る荷物などを監視。

宿場町の発達
　　　　…本陣(参勤交代の大名が宿泊)。
　　　　…旅籠(庶民の旅行者が利用)。
門前町の発達…寺の周辺。参詣人でにぎわう。
通信の発達…手紙や荷物を運ぶ飛脚がさか
　　　　　んに行き来。

● 海上交通

東北地方や北陸地方の年貢米を運送。

→ 　　　　　　航路…日本海沿岸・瀬戸内海を回り大阪へ。

→ 　　　　　　航路…太平洋沿岸を回り江戸へ。

南海路…菱垣廻船・樽廻船。

→ 上方でつくられた品物を大阪から江戸へ。

関所では,江戸にいる大名の妻子が
領地へ帰らないか,江戸に鉄砲など
武器が持ち込まれないかなどを厳し
くチェック!

★江戸時代の交通

江戸時代,京都や大
阪を中心とする地
域を上方といった。

22 幕府政治の移り変わり

(1)綱吉と白石の政治

└ 17世紀後半

● 第5代将軍徳川綱吉の政治

朱子学を奨励…主従関係や上下関係を重視。
└ 儒学の一派

極端な動物愛護の政策… ＿＿＿＿＿＿＿ を出す。

財政改善のため,質を落とした貨幣を大量に発行。
→ 物価が上昇し,人々は生活苦に。

> 幕府の権力が安定し,武力ではなく学問や社会の秩序を重んじる政治が目指された。

生類憐みの令で動物を愛護

● 儒学者新井白石の政治(正徳の治)…第6・7代将軍に仕える。

貨幣の質をもとに戻す。長崎貿易を制限。

> なぜ？ 金や銀の海外流出を防ぐため。

(2)幕府政治の改革

● ＿＿＿＿＿＿…1716年,第8代将軍徳川吉宗が始める。
└ 質素・倹約をかかげて,支出を抑えた

上げ米の制…大名に対し,参勤交代を軽減するかわりに,幕府に米を献上させる → 幕府の収入を増やすため。

新田開発を進める → 年貢を増やすため。

＿＿＿＿＿＿ の制定…裁判の基準となる法律。

＿＿＿＿＿＿ を設置 → 民衆の意見を聞くため。

[結果] 幕府財政は一時的に立ち直る。

> ゴロ 17 1 6 稲穂富む 享保の改革

> 問屋制家内工業…問屋が農民に原料や道具を貸して生産させ,完成した製品を買い取る。
> 工場制手工業…働き手を作業所(工場)に集め,分業で生産する。

● 農村の変化

└18世紀ごろ └19世紀ごろ

工業の発達…問屋制家内工業から ＿＿＿＿＿ へ

貨幣経済の広がりで農民の間の貧富の差が拡大

…土地を手放した小作人,買い集めた ＿＿＿＿＿。

百姓一揆による抵抗…農民が,年貢を増やす幕府や大名に対して起こす。都市では貧しい人々が打ちこわしを起こす。

> 肥料や農具の購入に,貨幣が必要になった！

> 米を買い占めた商人を襲った。

56

◎ 老中　　　　　　　の政治

…18世紀後半，商人の豊かな経済力を利用した経済政策。

　　　　　　　の結成を奨励…特権を与え，営業税を納めさせた。

長崎貿易をさかんに…銅や俵物（海産物）の輸出を拡大。

→ わいろが横行…批判が高まる。

→ 天明のききん…百姓一揆や打ちこわしが急増。

→ 老中は失脚。

> 新田開発のための
> 印旛沼（千葉県）の
> 干拓も計画した。

> **なぜ？**
> 株仲間からの税や貿易の
> 利益で幕府の収入を増や
> そうとしたため。

◎ 　　　　　　　　　　…1787年，老中松平定信が始める。

江戸に出てきていた農民を故郷に帰す。

→ 米の生産をすすめ，凶作やききんに備え米を蓄えさせる。

商品作物の栽培は制限

> **ゴロ**
>
> 聞かざる
> １７８７
> 非難はなしよと
> 寛政の改革

幕府の学問所で　　　　　以外の講義を禁止。

→ 試験を行い，有能な人材の登用を目指す。

> 幕府の学問所とし
> て，江戸に昌平坂学
> 問所がつくられた。

旗本や御家人の，商人からの借金を帳消し。

民衆に対して政治批判を禁じ，出版を厳しく統制。

結果 厳しい改革は人々の反感を買い，十分な成果を出せな
かった。

(3)外国船の接近

18世紀末より，外国船が通商を求めて日本に接近。

→ 幕府は拒否。

→ 　　　　　　　らに蝦夷地（北海道）や
樺太（サハリン）を調査させ，蝦夷地を幕領に。

> **なぜ？**
> ロシアの南下を警戒
> したため。

1825年，　　　　　　　…外国船の撃退を命令。

↓

1837年，日本に接近したアメリカの商船を砲撃。

モリソン号事件

↓

蘭学者（渡辺崋山と高野長英ら）が砲撃を批判。

→ 幕府が処罰！（蛮社の獄）

ロシア船の来航	
イギリス船の来航	
アメリカ船の来航	

ロシア
函館　根室
1792 ラクスマン
清　朝鮮
大阪　浦賀　江戸
1804レザノフ　下田
1853プチャーチン　長崎
1808フェートン号
1837モリソン号
1853ペリー
1849イギリス船
1854プチャーチン
イギリス
（数字は来航年）
アメリカ合衆国

★ 日本に接近する外国船

23 天保の改革, 新しい学問

(1)大塩の乱(大塩平八郎の乱)

ゴロ

1 8 37
人は皆　大塩したって
打ちこわし

　　　　　　…大阪町奉行所の元役人。

→ 1837年, 大阪で乱を起こす…大塩の乱。

↓

幕領の大阪で, 幕府の元役人による反乱が
起きたことに幕府は大きな衝撃を受けた。

なぜ?

天保のききんで苦しむ人々
を, 奉行所が救済しようと
しないので, 大商人を襲っ
て米やお金を人々に分け与
えようとした。

(2)天保の改革と諸藩の改革

◦　　　　　　…1841年, 老中水野忠邦が始める。

　　　　　の解散を命令 → 物価を下げるため。

ゴロ

ええ天気…

天保の　お日がらはよい
1 8 4 1
改革じゃ

江戸に出稼ぎに来ている農民を村に帰らせる。

└農村を立て直して, 年貢を確保するため。

海防強化を目指し, 江戸や大阪の周辺を幕領に。
→ 大名や旗本の強い反対で失敗。

外国に対して…異国船打払令をやめ, 来航する外国船に
　　　　　　薪や水を与えて退去させることに。

なぜ?

アヘン戦争で, 清が
イギリスに大敗した
ことを知ったから。

結果 2年余りで失敗。幕府の権力の衰えが表面化。

江戸の幕政改革

✏〔 〕の中に言葉を入れましょう。

改革	時期	行った人物
〔　　　　〕の改革	1716年	徳川吉宗
寛政の改革	1787年	〔　　　　〕
天保の改革	1841年	〔　　　　〕

◉薩摩藩(鹿児島県)・長州藩(山口県)など…独自の改革を行い成
功 → 雄藩と呼ばれ, やがて幕府に対抗するほどの力をもつ。

(3)新しい学問

◎＿＿＿＿＿…仏教や儒学が伝わる前の日本人の考え方を
明らかにしようとする学問。

＿＿＿＿＿…『古事記』を研究し,『古事記伝』を著す。

→ 国学を大成。
18世紀後半。

幕末の尊王攘夷運動に影響を与える。

『古事記』は奈良時代に
つくられた日本の歴史
書。

イナバの白ウサギ　大黒様

◎＿＿＿＿＿…ヨーロッパの学問をオランダ語で研究する学問。
→ 第8代将軍徳川吉宗が,キリスト教に関係のない
洋書の輸入制限を緩めたことから発達し始めた。

前野良沢・＿＿＿＿＿ら…オランダ語の
人体解剖書を翻訳した『解体新書』を出版。
→ 蘭学の基礎を築く。
18世紀後半。

（東京医科歯科大学図書館）

★ 『解体新書』

＿＿＿＿＿…ヨーロッパの技術で全国の海岸線を測量。
→ 正確な日本地図を作製。

50歳を過ぎてから,西
洋の天文学や測量術を
学び,約17年かけて,
全国の沿岸を歩いて測
量した。

(4)教育の普及

諸藩

＿＿＿＿＿…武士の子弟のための教育機関。
→ 人材の育成を図る。

庶民

＿＿＿＿＿…町や村に多くつくられる。
→ 「読み・書き・そろばん」など
実用的な知識や技能を教える。

（田原市博物館）

★ 寺子屋

私塾…学者が儒学や蘭学を教える。
適塾…大阪の医者緒方洪庵が開く。
鳴滝塾…オランダ商館の医者シーボルトが開く。

24 江戸時代の文化

(1)元禄文化

17世紀末から18世紀初めにかけて、　　　　　を中心に栄えた、
経済力をつけた町人を担い手とする文化。
└京都や大阪

第5代将軍徳川綱吉
のころ。

松尾芭蕉
「奥の細道」

◎文学

浮世草子(小説)…　　　　　　が、町人や武士の生活を
生き生きと描く。『日本永代蔵』など。

俳諧(俳句)…　　　　　　が、俳諧を芸術に高める。
『奥の細道』など。

◎芸能

人形浄瑠璃の脚本…　　　　　　が、町人社会の
義理や人情などを題材に描く。『曽根崎心中』など。

人形
浄瑠璃

歌舞伎…庶民の演劇として発達。

◎絵画

　　　　　…町人の風俗や役者などを描いた絵画。
菱川師宣が浮世絵の祖。

歌舞伎

→ 浮世絵は木版画となり、民衆の人気を集める。

装飾画…俵屋宗達・尾形光琳らが、屏風や蒔絵に
大和絵の伝統を生かした新しい装飾画を描く。

(2)化政文化

19世紀初めの文化・文政年間に、
　　　　　を中心に栄えた、庶民を担い手とする文化。

(ColBase (https://colbase.nich.go.jp/))

★見返り美人図
(菱川師宣筆)

菱川師宣は、
江戸で活躍した。

◎文学

俳諧(俳句)　与謝蕪村…絵画的作品。
　　　　　　小林一茶…農民の素朴な感情を詠む。

小説…貸本屋ができ,多くの人に読まれた。
　　　　　　　　　　の『東海道中膝栗毛』
　　　　　　　　　　　　　　↳旅先のできごとをこっけいに描く

曲亭(滝沢)馬琴の『南総里見八犬伝』
　　　　　　　　　　　　↳長編小説

狂歌・川柳の流行…幕府政治や庶民の生活を風刺。‑‑‑‑‑‑

> 狂歌…短歌の形式
> (五・七・五・七・七)。
> 川柳…俳諧の形式
> (五・七・五)。

● 浮世絵
　…錦絵と呼ばれる多色刷りの版画 → 大流行

美人画…_____

びじんにゃ

歌舞伎の役者絵…東洲斎写楽

風景画…_____の「富嶽三十六景」
　　　　…_____の「東海道五十
　　　　三次」

● 庶民の娯楽の発展
　…歌舞伎,大相撲,落語が人気を集める。

(ColBase (https://colbase.nich.go.jp/))

★「富嶽三十六景」神奈川沖浪裏
　　　　　(葛飾北斎画)

元禄文化と化政文化の比較

✎〔　〕の中に言葉を入れましょう。

元禄文化	化政文化
時期…17世紀末～18世紀初め	時期…19世紀初め
場所…〔　　　　　〕(京都・大阪)	場所…〔　　　　　〕
中心…町人(大商人など)	中心…町人(庶民)
特色…明るく活気に満ちた文化	特色…皮肉やこっけいによる風刺

確認テスト③

●目標時間：30分　●100点満点　●答えは別冊25ページ

1 次の各問いに答えなさい。 ＜4点×5＞

(1) 次の文の①・②に当てはまる語句をそれぞれ答えなさい。

　11世紀末より，ローマ教皇の呼びかけで ① が組織され，聖地エルサレムへたびたび派遣された。14世紀になると，イタリアの都市で，古代のギリシャやローマの文化を理想とする ② （文芸復興）と呼ばれる新しい文化の風潮が起こった。

① [　　　　　] ② [　　　　　]

(2) 地図中のA～Cは，15世紀から16世紀に開拓された新航路です。A～Cの航路を開拓した人物を，次のア～エから1人ずつ選び，記号で答えなさい。

ア　バスコ＝ダ＝ガマ　　イ　マゼランの船隊
ウ　コロンブス　　　　　エ　マルコ＝ポーロ

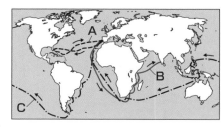

A [　　] B [　　] C [　　]

2 右の年表を見て，次の各問いに答えなさい。 ＜4点×6＞

(1) 年表中のA・Bに最も関係の深いできごとを，次のア～エから1つずつ選びなさい。

ア　宗教改革が起こり，イエズス会も教会の改革を進めた。
イ　ポルトガル人を乗せた中国船が日本に流れ着いた。
ウ　ヨーロッパで，レオナルド＝ダ＝ビンチらが活躍した。
エ　オランダが東インド会社を設立し，アジアに進出した。

A [　　　　] B [　　　　]

年代	できごと
1543	鉄砲が伝わる…………A
1549	キリスト教が伝わる…B
1573	室町幕府が滅びる……C
1575	長篠の戦いが起こる…D
1582	太閤検地が始まる……E
1588	□□令が出される……F
1590	全国が統一される……G
1600	関ヶ原の戦いが起こる…H

重要(2) 年表中のC・Dに関係の深い人物X，E～Gに関係の深い人物Yを，次のア～オから1人ずつ選びなさい。

ア　足利義昭　イ　武田信玄　ウ　織田信長　エ　今川義元　オ　豊臣秀吉

X [　　　　　] Y [　　　　　]

(3) 次の文は年表中のFの法令の一部です。□□に当てはまる語句を答えなさい。

「諸国の百姓たちが，刀・脇差・弓・槍・鉄砲その他の武具類を持つことをかたく禁止する。」 [　　　　　]

重要(4) Hに勝利して江戸幕府を開いた人物の名前を答えなさい。 [　　　　　]

3 次の文を読んで，あとの各問いに答えなさい。 <4点×8>

A 1637年に起こった（ a ）一揆を鎮圧した幕府は1639年に（ b ）船の来航を禁止し，オランダ商館も平戸から長崎の（ c ）に移して，いわゆる（ d ）の体制を固めた。

B 江戸時代の半ばには幕府は財政難となり，<u>e 政治改革</u>が行われ始めた。こののち，百姓一揆が多発し，<u>f 新しい学問</u>を学ぶ人々の中には幕府を批判する者も現れた。

(1) **A**について，（ a ）（ c ）（ d ）に当てはまる語句を答えなさい。

a [   ] c [   ] d [   ]

(2) （ b ）に当てはまる国名を，次の**ア〜エ**から1つ選び，記号で答えなさい。

　　ア スペイン　　**イ** ポルトガル　　**ウ** イギリス　　**エ** オランダ

〔　　　　　　　〕

(3) **B**の**下線部e**について，次の**ア〜ウ**の改革の中心人物をそれぞれ答えなさい。

　　ア 寛政の改革　　**イ** 天保の改革　　**ウ** 享保の改革

ア [   ] **イ** [   ] **ウ** [   ]

(4) **B**の**下線部f**について，本居宣長が大成した学問を何といいますか。

〔   〕

4 産業と交通の発達について，次の各問いに答えなさい。 <4点×6>

(1) 地図中の**A・B**の街道の名前を，次の**ア〜オ**から1つずつ選び，記号で答えなさい。

　　ア 奥州道中　　**イ** 日光道中
　　ウ 甲州道中　　**エ** 中山道　　**オ** 東海道

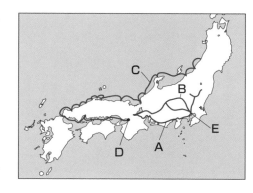

　　　　A [   ] B [   ]

(2) 地図中の**C**の航路を何といいますか。

〔   〕航路

(3) 地図中の**D**の都市は，商業の中心地だったことから，何と呼ばれましたか。

〔   〕

(4) ①19世紀の初めに，地図中の**E**の都市を中心に栄えた文化を何といいますか。また，②この文化について述べたものを，次の**ア〜オ**から1つ選び，記号で答えなさい。

　　ア 川柳や狂歌が流行した。　　**イ** 能（能楽）が大成された。
　　ウ 浮世絵が生まれた。　　**エ** かぶき踊りが始まった。

　　　　①[   ]文化　②〔   〕

25 欧米諸国の近代化

(1)イギリス革命

イギリスの政治(王政)
　　　　　　↳国王を元首とする政治

16世紀…国王が議会の協力を得ながら行う。

17世紀半ば…国王が議会を無視し専制を行う。

　　→ 国王と議会は対立。

　　　　　↓

◎＿＿＿＿＿＿＿革命が始まる。

　…クロムウェルの指導で議会側が勝利。

　　→ 王政を廃止し，＿＿＿＿＿樹立。
　　　　　　はいし
　　　　↳国王を処刑した

クロムウェルの死後,王政復活→国王と議会は対立。

　　　　　↓

◎1688年，＿＿＿＿＿革命が始まる。

　…議会は国王を追放,新たな国王を迎える。
　　　　　　　　　　　　　　　　　むか
　　→ ＿＿＿＿＿＿＿＿を定める。
　　　↳国王の専制を防ぎ,政治の中心が議会にあることを示した

　　→ イギリスで立憲君主制(政)と議会政治が確立。

16世紀後半の女王

エリザベス1世

> 議会側に,プロテスタントの清教徒(ピューリタン)が多かったため,こう呼ばれる。
> せいきょうと

> 国王を処刑せず,流血なしに革命が成功したためこう呼ばれる。

(2)啓蒙思想の広まり
　　　けいもう

啓蒙思想…合理的な判断に基づき,古くからの慣習や体制を変

　　　　えようとする考え方。

→ 17〜18世紀,国王の権力の制限と人民の政治参加が唱えら

　れ,市民革命を支える!

→ 市民革命…支配される側の人々が,自由・平等を目指して,

　王など支配する側の人々をたおす動き。

> ピューリタン革命,名誉革命,アメリカの独立戦争,フランス革命など。
> めいよ

> 国家の不当な統治に対し,人々には抵抗する権利があると唱えた。

主な啓蒙思想家

◎ロック(イギリス)…社会契約説と抵抗権を主張。
　　　　　　　　　　　けいやく　　あらわ　ていこう
『統治二論』(『市民政府二論』)を著す。名誉革命を正当化。
　とうち にろん　　　　　　　　　　　　　あらわ　めいよかくめい

◎＿＿＿＿＿＿＿＿＿＿(フランス)…三権分立を主張。

『法の精神』を著す。

◎＿＿＿＿＿＿＿(フランス)…人民主権を主張。

『社会契約論』を著す。

ルソー　ロック　モンテスキュー

(3)アメリカの独立革命

17世紀前半, イギリス…北アメリカの東海岸に植民地をつくる。

18世紀後半, イギリス…植民地への課税を一方的に決定。

　→ 植民地の人々…「代表なくして課税なし」と反対運動。

　↓

◎1775年, ＿＿＿＿＿＿＿＿ が始まる。

　…植民地側の最高司令官はワシントン。

　→ 1776年, ＿＿＿＿＿＿ を発表。
　　　　　　　└ 民主主義の精神を表す

植民地側が勝利。アメリカ合衆国誕生。

　→ 1787年, 合衆国憲法制定…人民主権, 三権分立。
　　　　　　　└ こののち, ワシントンが初代大統領に就任

ゴロ

いななきロックで
独立宣言
（1 7 7 6）

フランスなどが
植民地側を支援
した。

(4)フランス革命

フランスでは, 17世紀後半から ＿＿＿＿＿＿ が続く。

　…特権をもつ第一身分(聖職者)と　　└ 国王がすべての絶対的な
　　　　　　　　　　　　　　　　　　　権力を握る王政
　第二身分(貴族)。第三身分(平民)は重税に苦しむ。

　↓

18世紀, アメリカの独立戦争の支援などで財政難に。

◎1789年, ＿＿＿＿＿＿＿＿ が始まる。
　　　　└ 啓蒙思想の影響を受けた人々が立ち上がった

　→ 国民議会が ＿＿＿＿＿＿ を発表。
　　　└ 平民議員がつくった議会

　↓

王政を廃止, 共和政を開始, 徴兵制で軍事力強化。

◎ナポレオン…1804年, 国民投票によって皇帝に。

　→ 民法(ナポレオン法典)を制定。

　→ ヨーロッパ諸国を武力で支配。
　　　└ イギリス以外

　↓

普遍的な人権を理想とする, フランス革命の
精神が各国に広まる。

貴族・聖職者・平民(農民
や市民)の3つの身分が
あった。貴族や聖職者は
特権が多く, 平民だけが税
を負担していた。

「人は生まれながらに
自由・平等な権利をも
つ」と第1条で宣言!

私の辞書に
不可能の文字
はない!!

26 産業革命, 欧米のアジア侵略

(1)産業革命

　　　　　　　…技術の向上による社会全体の変化。

　→ 18世紀後半, 　　　　　　で始まる。------

　　　　　　└ 19世紀にはアメリカ・フランスなどにも広がる

きっかけは,
インド産の綿織物の需要
が増えて, 国内で生産する
ための機械の改良を進め
たこと。

蒸気機関で動く機械が使われ, 工場での大量生産が可能に。

重工業や交通網も発達。

19世紀には,「世界の工場」と呼ばれる。

蒸気機関車

影響

　◎ 　　　　　　が広まる…資本家が労働者を雇い,

　　利益の拡大を目的に生産する新しい経済のしくみ。

　◎社会問題が発生…労働者は 　　　　　　を結成。------

資本家と労働者
の格差が拡大。

　◎ 　　　　　　が広まる…マルクスらによる。

　　└ 労働者を中心とした平等な社会をつくろうとする思想

	南部	北部
	自由貿易を主張。奴隷制に賛成。	保護貿易を主張。奴隷制に反対。

★ 南部と北部の対立

(2)欧米諸国の発展

　◎アメリカ合衆国

　　　　　戦争…自由貿易や奴隷制をめぐる

　　　　　アメリカの南部と北部の内戦。

　→ 　　　　　大統領が奴隷解放宣言を出し, 北部を勝利

に導く。

工業が発展し, 19世紀末に, 世界最大の資本主義国に。

人民の人民による
人民のための政治

奴隷解放！

リンカン

　◎ロシア…不凍港を求め領土拡大(南下政策)。

　　→ イギリス・フランスとの戦いに敗れる(クリミア戦争)。

　　→ 中央アジア, 中国東北部への進出を目指す。

　◎ドイツ…1871年, 　　　　　の指導でドイツ帝国誕生。

　　　　　　　└ 鉄血宰相

　◎フランス…世界で初めて男子 　　　　　　が確立。

　◎イギリス…国王に対する議会の力が増し, *政党政治が発達。*

(3)アヘン戦争

19世紀前半,イギリスが清・インドの間で＿＿＿＿＿＿＿を行う。

→ 清で,銀の流出とアヘンの害が深刻に

なぜ？
清などとの貿易で赤字になって,代金としての銀が不足したため。

三角貿易

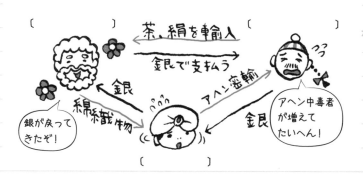

✎下の〔 〕に国名を書きましょう。

茶,絹を輸入
銀で支払う
銀
綿織物
アヘン密輸
銀
銀が戻ってきたぞ！
アヘン中毒者が増えてたいへん！

★それまでの貿易 (18世紀中ごろ)

	茶・絹	
イギリス	←	清
	銀　銀	
絹織物		
	インド	

イギリスからの銀の流出が進んだ。

◉1840年,＿＿＿＿＿＿が始まる。

└ 清がアヘンを厳しく取り締まったため,イギリスが起こした

イギリスが勝利し,＿＿＿＿＿が結ばれる。

→ イギリスは,香港(ホンコン)と多額の賠償金(ばいしょうきん)などを得る。

→ 清は,5港開港。賠償金のために国民に重税を課す。

翌年,清に関税自主権がなく,イギリスに領事裁判権を認める,不平等条約を結ぶ。

◉1851年,＿＿＿＿＿の乱が起こる…指導者は洪秀全(こうしゅうぜん)。 ホンシウチュワン

→ 混乱の中,イギリスやフランスなどによる中国侵略(しんりゃく)が進む。

(4)インドと東南アジアの植民地化

◉インド…19世紀初め,イギリスの東インド会社が支配を拡大。

└ 17世紀初めにインドに進出,貿易を始める

イギリスの安い綿織物が大量に流入し,綿織物業が衰退(すいたい)。

└ イギリスへの銀の流出が進んだ

インドでは,伝統的な手織りの綿織物業がさかんだった。

1857年,＿＿＿＿＿＿が起こる。

→ イギリスが鎮圧(ちんあつ)し,インドを直接支配下に置く。

└ イギリス国王を皇帝とするインド帝国が成立

16世紀から続いたムガル帝国は滅亡(めつぼう)した。

◉東南アジア…19世紀には大部分がヨーロッパ諸国の植民地に。

└ フランス・イギリス・オランダなど

27 日本の開国

(1)日本の開国

1853年, アメリカ合衆国の使節　　　　　　　　が浦賀に来航。
幕府に開国をせまる。　　　　　　　　　　　　　└神奈川県

　　→ 幕府は初めて大名に意見を求め, 朝廷にも報告。
　　　　└幕府の力の衰え　　　　　└以後, 雄藩や朝廷の
　　　　　　　　　　　　　　　　　　発言権が強まる

1854年, 再び来航したペリーと　　　　　　　　を結ぶ。
　　…下田(静岡県)・函館(北海道)の2港を開港→　開国

初代アメリカ総領事ハリスが下田に着任し,
幕府に通商条約を結んで貿易を行うことをせまる。

1858年,　　　　　　　　　　　　　を結ぶ。
　　…大老井伊直弼が朝廷の許可を得ずに調印。
　　　　└幕府の臨時の最高職

　　…函館・神奈川(横浜)・長崎・新潟・兵庫(神戸)の5港を開港。

　　　→ 開港地の外国人居留地で貿易が始まる。

　　…アメリカに　　　　　　　　を認め,

　　　日本に　　　　　　　　　　がない, 日本に不平等な条約。

なぜ?
日本を, 太平洋を横断する貿易船や捕鯨船の寄港地にしようとしたから。

ゴロ
1 8 5 4
一夜越し　2港開いた
和親条約
開国しなさい! ペリー

鎖国の体制は崩れた。

なぜ?
アヘン戦争に負けた清が, イギリス・フランスと戦争して再び負けたことを知ったため。

ゴロ
1 8 5 8
不平等　一番こわい
通商条約
貿易しなさい! ! ハリス

幕府は, ほぼ同じ内容の不平等条約を, オランダ・ロシア・イギリス・フランスと結んだ。

1854年・1858年の開港地

　　　　　　　　　✎〔　〕の中に言葉を入れましょう。

日米和親条約で開いた港…▲
日米修好通商条約で開いた港…●

新潟
兵庫(神戸)
長崎

〔　　　〕
〔　　　〕
〔　　　〕

下田は, 日米修好通商条約で閉鎖された。

(2)開国の影響

貿易が始まる。

…最大の貿易港は, 横浜。最大の貿易相手国は, イギリス。

なぜ?
> 日本を開国させたアメリカでは南北戦争が始まり, アジアへの進出が遅れたから。

- ◎イギリスから安くて質の良い綿織物や綿糸を輸入。
  - → 国内の生産地は打撃を受ける。

なぜ?
> 開国当初は, 外国との金銀の交換比率が違ったから。

- ◎金貨(小判)が大量に国外に流出。
  - → 幕府が小判の質を落としたため, 物価が急上昇。

- ◎日本からは主に　　　　　　を輸出。
  - → 国内では品不足や買い占めが起こり, 値上がり。
  - → 生活用品もつられて値上がり。

[結果] 生活が苦しくなり, 民衆は幕府への不満を高める。

(3)尊王攘夷運動の高まり

幕府が朝廷の許可を得ずに通商条約を結んだことで,

尊王論と攘夷論が結び付き　　　　　　　　　　が高まる。

- ◎尊王論…天皇を尊ぶ。
- ◎攘夷論…外国勢力の排除を目指す。

> 松下村塾で, のちの明治維新で活躍する多くの人材を育てた。

吉田松陰

↓

安政の大獄…幕府の政策を批判する雄藩の大名や公家などを
井伊直弼が弾圧。

> 長州藩(山口県)の吉田松陰は, 処刑された。

↓

1860年,

…元水戸藩士らが井伊直弼を暗殺。

↳大老の暗殺で, 幕府の権威は大きく損なわれた

↓

幕府による公武合体策

…朝廷との結び付きを強めて権威の回復を図る。

- → 天皇の妹(和宮)を, 第14代将軍徳川家茂の
　　夫人に迎える。

28 江戸幕府の滅亡

(1) 薩摩藩と長州藩の動き

● 長州藩（山口県）------------------------------------

> このころの長州藩は尊王攘夷運動の中心。

1863年, 関門海峡を通る外国船を砲撃（攘夷の実行）。

↓

翌年, 報復として4か国の連合艦隊が下関砲台を攻撃し, 占領。
　　　　　　イギリス・フランス・アメリカ・　　　　下関戦争
　　　　　　オランダ

> 同じころ幕府は諸藩に命じて長州藩を攻撃し, 従わせた。

↓

攘夷の困難をさとる！ ◦藩の方針を変え始めた
　→「攘夷から開国へ」…＿＿＿＿＿や高杉晋作らが藩の
　　実権を握る。

> このころの薩摩藩は, 幕府側（公武合体策）。

● 薩摩藩（鹿児島県）

1862年, 藩主の父の行列を横切ったイギリス商人を殺害。
　　　　　　　　　　　　　　　　　　◦生麦事件

なぜ？

> 大名行列に道を譲らず, 乗馬したまま横切ったため, 無礼であると殺傷された。

↓

翌年, 報復としてイギリス海軍が鹿児島を攻撃（薩英戦争）。

↓

攘夷の困難をさとり, ＿＿＿＿＿や大久保利通が
藩の実権を握り, 西洋式の軍備を強化。

● 倒幕への動き

1866年, 長州藩と薩摩藩は＿＿＿＿＿＿＿＿を結ぶ。
　　　　…坂本龍馬らの仲立ち。

↓

幕府をたおす運動へ。

なかよく！ 坂本龍馬
薩長同盟
西郷　ガシッ　木戸

同年, 再び幕府は, 長州藩への攻撃を諸藩に命令。
　　　　　　　　　　◦同盟を結んだ薩摩藩は従わなかった

　→ 失敗し, 幕府の威信はさらに低下。

(2)江戸幕府の滅亡

◉ 民衆の動き…「世直し」を期待

→ 各地で, 大規模な一揆や打ちこわし

…借金の帳消しや農地の返還を要求。

→ 各地で, 人々が「ええじゃないか」と唱え, 熱狂して踊る現象。

> **なぜ？**
> 開国後の社会の混乱で, 物価が上昇して生活が苦しくなり, 社会不安も広がったから。

◉ 幕府の動き

土佐藩(高知県)のすすめ

＿＿＿＿＿＿…1867年,第15代将軍徳川慶喜が朝廷に政権を返上。

→ 260年余り続いた江戸幕府が滅亡。

> 慶喜は幕府にかわる新政権でも主導権を握ろうと考えた。

◉ 朝廷の動き

…天皇を中心とする新政府の樹立を宣言。

さらに, 慶喜に官職や領地の返上を命じる。

> 慶喜の新政府への参加は認められなかった。

(3)旧幕府側の抵抗

1868年, ＿＿＿＿＿＿＿＿＿ が起こる。

…旧幕府軍と新政府軍との戦い。

> **なぜ？**
> 慶喜に対して, 官職や領地の返上が命じられたことに不満をもったから。

◉ 始まり…旧幕府軍が鳥羽・伏見の戦い(京都府)を起こす。

→ 新政府軍が勝利。

↓

◉ 江戸城無血開城

…江戸城が新政府軍に明け渡される。

→ 西郷隆盛と勝海舟による話し合いで, 江戸は戦火を免れる。

↓

◉ 会津の戦い…旧幕府軍は敗れ, 北へ。

↓

◉ 終結…1869年, 函館(北海道)で旧幕府軍は降伏(五稜郭の戦い)。

→ 新政府軍のもとに国内は統一。

凡例：
→ 新政府軍進路
→ 旧幕府軍退路
■ おもな倒幕派藩
■ おもな旧幕府方藩
× おもな戦場

五稜郭の戦い (1869年5月) 函館
会津の戦い (1868年8月～9月) 会津藩
鳥羽・伏見の戦い (1868年1月)
長州藩　薩摩藩　土佐藩
青森　秋田　宮古　高田　江戸　松江　京都　兵庫　桑名

★ 戊辰戦争

29 明治維新と文明開化

(1)明治維新

＿＿＿＿…江戸時代の幕藩体制から，近代国家に

移る際に進められた政治・経済・社会の変革。

◎1868年3月，＿＿＿＿＿＿を出す。
…新しい政治の方針。
    └ 天皇が神に誓う形で
 → 翌日，民衆に向けて五つの高札(五榜の掲示)を出す。
◎江戸を東京と改称，天皇が東京に移る。 └キリスト教の禁止など
◎元号を明治と改める。

五箇条で 一つやろうや 新政府

世論の尊重，国民の一致協力，旧制度の改革，知識を世界に求めること…など。

(2)廃藩置県

◎1869年，＿＿＿＿＿…藩主に土地(版)と人民(籍)を政府に

返させる→ 藩の政治は元の藩主がそのまま担当したため，改

革の効果は不十分。

◎1871年，＿＿＿＿＿…藩を廃止して県を置く。

県には県令，3府には府知事を政府が派遣して治めさせる。
  └のちの県知事 └東京・大阪・京都

藩とはいわない 廃藩置県

↓

中央集権国家の基礎が確立，年貢はすべて国の収入となる。
  └政府が強い権限をもち，地方を直接治める国家

新政府の実権は，倒幕の中心勢力であった薩摩・長州・

土佐・肥前(佐賀県)の4藩の出身者と少数の公家が握る。

 → のちに ＿＿＿＿＿＿…と呼ばれる。

(3)身分制度の廃止

皇族以外はすべて平等とする。

◎天皇の一族 → 皇族   ◎公家と大名 → 華族
◎武士 →   ◎百姓と町人 → 平民
◎解放令(賤称廃止令)…差別されてきた，えた身分・

ひにん身分の呼び名を廃止し，平民とする。

 → 差別は根強く続いた。

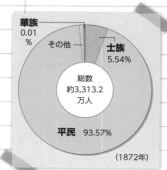

華族・士族・平民の割合

(4) 富国強兵と殖産興業

政府は，国を豊かにして力をつけ，軍隊を強くすることを目指す

_____の政策を進めた。

> 政府が進める改革を
> 担う人材を，養成す
> るための教育制度。

◉ 1872年，_____を公布…満6歳になった男女を

小学校に通わせることを国民の義務に。

3%…

ゴロ

> 1 8 7 3
> 人はなみだの
> 地租改正

◉ 1873年，_____…満20歳になった男子に兵役の義務。

→ 国民を兵とする西洋式の軍隊をつくるため。

◉ 1873年，_____を実施。

…土地の所有者(地主)に地価を記した地券を発行し，地価

の3%を現金で納めさせた。

→ 米の収穫量に左右されないので，政府の税収入が安定。

→ 地租改正反対一揆が起こる。

　　　　　　　1877年，地租は2.5%に引き下げられた

なぜ?

> 農民の負担は江戸時代と
> 変わらず，重かったため。

さらに政府は「富国」実現のため，近代産業の育成を目指して

_____政策を進めた。

　　　経済の資本主義化が図られた

なぜ?

> 輸出の中心だった
> 生糸の増産や品質
> 向上を図るため。

◉ _____を建設…群馬県の富岡製糸場など。

　　欧米の進んだ技術や機械が取り入れられた

◉ 交通を整備…新橋－横浜間に日本初の鉄道が開通。

◉ 通信を整備…飛脚にかわる郵便制度，電信網。

> 渋沢栄一が，建設
> にたずさわった。

(5) 文明開化

_____…明治維新によって，欧米の文化がさかんに

取り入れられたことで始まった伝統的な生活の変化。

> 欧米の文化は，近代
> 国家になるための
> 政策を進める上で
> の土台となった。

◉ 衣食住の変化　　　　横浜や神戸など外国人居留地から広がった

…断髪・洋服(コートや帽子)，牛肉を食べる習慣，

れんがづくりの建物・ガス灯など。

◉ 暦の変化…太陰暦から_____へ。

◉ 新しい思想の広まり

…_____は『学問のすゝめ』で人間の平等を説く。

…中江兆民はルソーの思想を紹介。

ザンギリ頭!

30 新たな外交と国境の画定

(1)岩倉使節団

1871年,岩倉具視(いわくらともみ)が全権大使の＿＿＿＿＿＿＿を欧米(おうべい)に派遣(はけん)。

岩倉使節団

…木戸孝允(きどたかよし)・大久保利通(おおくぼとしみち)ら,政府の有力者の約半数が参加。

…津田梅子(つだうめこ)ら5人の女性を含(ふく)む,40人以上の留学生が同行。

↓

主な目的の,不平等条約の改正交渉(こうしょう)は失敗。

→ 欧米の政治や産業,社会状況(じょうきょう)の視察に重点を移し,
メンバーは国力の充実(じゅうじつ)の必要性を痛感。

┗ 帰国後,この経験をもとに日本の近代化をおし進める

なぜ?
法の整備などについて,日本の近代化政策が不徹底(ふてってい)なことが理由とされた。

(2)清や朝鮮(しん ちょうせん)との関係

◉清

1871年,＿＿＿＿＿＿＿＿＿を結ぶ…対等な内容の条約。

朝鮮は,「鎖国(さこく)」と,東アジアの伝統的な国際関係である中国への朝貢(ちょうこう)を続けていた。

◉朝鮮…新政府は新たに国交を結ぼうとするが,朝鮮は応じず。

→ 武力を用いてでも朝鮮に開国をせまる主張の
＿＿＿＿＿＿＿が高まる…西郷隆盛(さいごうたかもり)や板垣退助(いたがきたいすけ)ら。

→ 欧米から帰国した大久保利通らが反対。

→ 西郷と板垣らは政府を去った。

なぜ?
国内の政治を充実させることが優先と考えたため。

1876年,＿＿＿＿＿＿＿＿を結ぶ。

…江華島事件(こうかとう)(1875年)を口実に結んだ
カンファド
朝鮮にとって不平等な内容の条約。

→ 朝鮮を力で開国させた。

征韓だ！ VS 国力充実が先だ！

西郷　板垣　　岩倉　　大久保

(3)国境と領土の画定

日本は近代的な国際関係にならい,国境を明確に定めた。

江華島事件…日本が軍艦(ぐんかん)を朝鮮に派遣して圧力を加えて起こした武力衝突(しょうとつ)。

◉ロシア

1875年,＿＿＿＿＿＿＿＿＿を結ぶ。

→ 樺太(からふと)(サハリン)はロシア領,千島列島(ちしまれっとう)のすべてを日本領に。

◎小笠原諸島

1876年，国際法に基づいて日本領であることを宣言。

→ 国際的に認められ，日本の領有が決定。

◎＿＿＿＿諸島

1895年，沖縄県への編入を内閣で決定。

◎＿＿＿島

1905年，島根県への編入を内閣で決定。

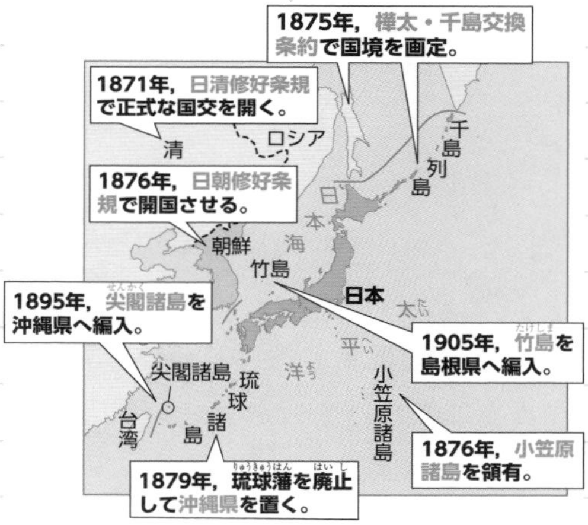

1875年，樺太・千島交換条約で国境を画定。
1871年，日清修好条規で正式な国交を開く。
清
ロシア
千島列島
1876年，日朝修好条規で開国させる。
日本海
朝鮮
竹島
日本
1895年，尖閣諸島を沖縄県へ編入。
太平洋
1905年，竹島を島根県へ編入。
尖閣諸島
琉球諸島
台湾
小笠原諸島
1876年，小笠原諸島を領有。
1879年，琉球藩を廃止して沖縄県を置く。

★明治初期の日本の国境と外交

(4)北海道と沖縄

◎蝦夷地

…1869年に＿＿＿＿＿と改め，開拓使という役所を置く。

→ ロシアの南下政策に対する北方の防備を兼ねて開拓と統治を進める。

→ ＿＿＿＿＿…開拓の中心。農業兼業の兵士。

北海道以外の日本各地から移住した士族など

アイヌの人々は生活の場が奪われ，同化政策が行われる。

→ 1899年，北海道旧土人保護法

…アイヌの人々の保護を名目に制定されるも差別は続く。

◎琉球王国

琉球王国は，薩摩藩に支配されながらも，清への朝貢を続けていた。

1872年，政府は琉球王国を琉球藩とする。

清は琉球藩を認めず

台湾で琉球の漂流民が殺された事件を理由に，

1874年，新政府は台湾に出兵し，清から賠償金を獲得。

琉球の人が日本国民であることを清に認めさせた

↓

1879年，軍事力を背景に琉球の人々の反対を抑え，

琉球藩を廃止して，＿＿＿＿＿を設置。

朝貢する国を失った清は，日本に強く抗議！

31 自由民権運動と帝国議会

(1)自由民権運動の始まりと士族の反乱

●1874年，　　　　　　　　らが民撰議院設立の建白書を
　　　　　　　　　　征韓論をめぐり政府を去っていた
政府に提出。

　…大久保利通の政治を専制政治であると非難。

　…国会の開設を要求。

↓

　　　　　　　　　の始まり。

　…国民が政治に参加する権利の確立を目指す。

同じころ，政府の改革に不満を高めていた士族らが，
西日本の各地で蜂起。

↓

●1877年，西郷隆盛を中心として鹿児島の士族らが，

　　　　　　　　を起こす。

　…最大規模の士族の反乱。

↓

徴兵令によって組織された政府軍が鎮圧。
　　　　　　　　　　　　　　近代的軍備を整えていた

→ 以後，
　藩閥政府への批判は，言論によるものが中心に。
　自由民権運動は，全国に広まる。
　　　　　　　　　士族中心から，地主（豪農）や商工業者も参加へ

↓

●1880年，全国の代表者が集まり　　　　　　　　を結成。

　…国会開設の請願書を政府に提出。

　→ 民間でさまざまな憲法草案が作成される。

●政府が1890年までに国会を開くと約束（国会開設の勅諭）。

↓

国会開設に備え，政党が結成される。

　…板垣退助を党首とする

　…大隈重信を党首とする
　　　　　　国会開設をめぐる対立で，政府を辞めさせられていた

大久保は，板垣が政府を去ったあと政府の中心となり，殖産興業の政策を進めていた。

憲法をつくって国会を開き，国民を政治に参加させるべきと主張したよ。

なぜ？

政府の改革で，帯刀や俸禄（給与）などの特権を奪われたから。

全国の自由民権運動の代表者が大阪に集まった。

自由党　立憲改進党

板垣　大隈

これからは政党が必要だ！

(2)立憲制国家の成立

政府は約束した国会を開設するため,憲法制定を目指した。

⬇

＿＿＿＿＿＿＿…憲法制定の中心となる。

●ヨーロッパへ調査に行き,君主権の強いドイツや
オーストリアの憲法を学ぶ。

●1885年,＿＿＿＿＿＿＿をつくり,初代内閣総理大臣に就任。

→ 憲法草案を作成し,枢密院で審議を進める。

⬇

1889年,＿＿＿＿＿＿＿＿＿が発布される。
　　　　　　　　　天皇が国民に与えるという形で発布

…「天皇が国の元首として統治する」と定められる。
　　　　　　　　　　天皇主権

…国民は天皇の「臣民」とされ,法律の範囲内で,言論・
出版・結社・信仰の自由などの権利が認められた。

…帝国議会は二院制。

◉＿＿＿＿＿＿＿…皇族や華族,天皇が任命した
議員などで構成。

◉＿＿＿＿＿＿＿…国民が選挙で選んだ議員で構成。

→ 選挙権は,直接国税を＿＿＿＿円以上納める

満＿＿＿歳以上の男子。
　　　　　　　有権者は,総人口の1.1%

⬇

翌年,＿＿＿＿＿＿＿＿が出される。
　　忠君愛国の道徳が示される。

…教育の柱,国民の精神的なよりどころとされる。

1890年,第一回衆議院議員総選挙が行われる。

…自由民権運動の流れをくむ政党(民党)の
議員が多数を占める。

⬇

日本はアジアで最初の立憲制国家となる。

伊藤↑

天皇は統治権,軍隊の
統帥権など,多くの権
限をもっていた。

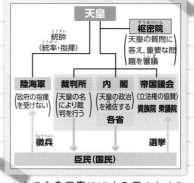

★大日本帝国憲法による国のしくみ

32 条約改正，日清戦争

(1)帝国主義

_____…19世紀後半，欧米の列強がアジアやアフリカなどへ進出し，軍事力を背景に植民地として支配していった動き。

↓

世界の広い範囲は列強によって分割。- - - - - - - - - -

→ 清に進出したイギリスと，南に領土を広げたいロシアは，東アジアで対立を深めていった。　　南下政策

(2)条約改正

不平等条約の改正は，日本が欧米と国際的に対等な地位を得るうえで最も重要な課題だった。

→ 岩倉使節団の後も改正への努力は続いた。

鹿鳴館

◉外務卿井上馨による_____…鹿鳴館で舞踏会を開く。→ 失敗。　　欧米の習慣を取り入れる政策

↓

◉ノルマントン号事件…領事裁判権の撤廃を求める世論が高まる。

↓

◉1894年，外務大臣_____が領事裁判権の撤廃に成功。
　　日清戦争の直前

↓

◉1911年，外務大臣_____が関税自主権の完全回復に成功。

(3)日清戦争

1894年，朝鮮で_____が起こる。
　　…政治改革と，外国人の排除を目指す。

↓

日本と清が朝鮮に出兵。

→ 日本と清の軍隊が衝突。

→ 1894年7月，_____に発展。

→ 日本が勝利。

→ 1895年，_____が結ばれる。

ゴロ
1894
一発急所に
日清戦争

内容　◎清は，　　　　　　　　の独立を認める。
　　　◎清は，遼東半島・台湾・澎湖諸島を日本に譲る。
　　　　　　リアオトン　　　たいわん　　ほうこ
　　　　　　　　　　　　　　　　ポンフー
　　　◎清は，賠償金2億両を日本に支払う。
　　　　　ばいしょうきん　　テール　　　　しはら

↓

　　　　　　　　…ロシアがドイツ・フランスとともに
日本に対し，遼東半島の清への返還を勧告。
　　　　　　　　　　　　へんかん　　かんこく

↓

対抗する力のなかった日本はこれを受け入れる。
　→ 国民の間でロシアへの反感が高まる。

↓

ロシアは遼東半島の旅順と大連を租借。
　　　　　　　　りょじゅん　だいれん　そしゃく
　　　　　　　　リューシュン　ターリエン
　　　外国の領土を期限付きで借り，事実上支配すること

ドイツ・フランス・イギリスも清の各地に進出。

日本は，台湾総督
　　　　　　そうとく
府を設置して植民
　　　　　　ふ
地支配を進めた。

なぜ？
ロシアは南下政策を進め
ていて，日本の大陸進出を
抑えたかったため。
　　　がい

ロシア
ちょっと待った！
遼東半島は
清に返すべきだ
フランス　ソーダ　ドイツ
☆三国干渉☆
わかりました！
返します…
日本

下関条約で得た領土

✏（ ）の中に言葉を入れましょう。

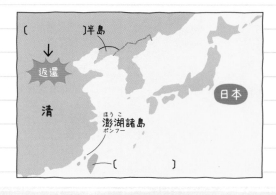
〔　　　〕半島
↓
返還
清
澎湖諸島
ほうこ
ポンフー
〔　　　　　〕
日本

賠償金の一部をもと
に，北九州に八幡製
　　　　　　　やはた
鉄所が建設された。

(4)日清戦争後の日本

日本政府は賠償金をもとに，大規模な軍備拡張と
工業化を進める。　賠償金の大部分が軍事費に使われた

↓

政府と政党の連携が進み，
　　　　　　れんけい　　　軍備拡張で意見が一致
伊藤博文は立憲政友会を結成。
いとうひろぶみ

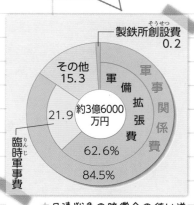
製鉄所創設費
　　　そうせつ
0.2
その他
15.3
軍
備
拡
張
費
軍
事
関
係
費
約3億6000
万円
21.9
62.6%
臨時軍事費
りんじ
84.5%

★日清戦争の賠償金の使い道
（「近代日本経済史要覧」）

33 日露戦争

(1)中国をめぐる動き

1899年, 中国で義和団が蜂起…外国勢力の排除を目指す。

1900年, ＿＿＿＿＿＿＿＿＿＿が起こる。

　　…義和団が北京の各国の公使館を包囲。

　　→ 列強の連合軍が出兵して鎮圧。

　　　　　└日本やロシアを中心とする8か国

満州に出兵したロシアは, 事件後も大軍を満州にとどめる。

　　→ 満州に隣り合う韓国を勢力範囲としたい日本と対立。

1902年, 日本はイギリスと＿＿＿＿＿＿＿＿＿＿を結ぶ。

　　→ ロシアに対抗。

　　　　　↓

日本国内で多くの新聞がロシアとの開戦を主張→世論を動かす。

　　…幸徳秋水や内村鑑三らは, 開戦に反対。

　　　　└社会主義者　　└キリスト教徒

(2)日露戦争

1904年, ＿＿＿＿＿＿＿＿＿＿が始まる。

　　　　　↓

日本は戦力を使い果たし, ロシアでは革命運動が起こる。

　　→ 両国とも戦争の継続が困難に。

　　→ 日本海海戦での日本の勝利を機に, アメリカの仲介で講

　　和へ。　└東郷平八郎が指揮

1905年, ＿＿＿＿＿＿＿＿＿＿が結ばれる。

　　内容　●ロシアは韓国における日本の優越権を認める。

　　　　　●ロシアは旅順・大連を中心とする遼東半島の租借権,
　　　　　　リュイシュン　ターリエン　　　　　　　　　　リアオトン
　　　　　　長春以南の鉄道利権を日本に譲る。
　　　　　チャンチュン

　　　　　　　　　↓

　　　　　●北緯50度以南の樺太を日本の領土とする。
　　　　　　　　　　　　　　　　└サハリン

賠償金が得られないことが分かると, 国民の不満が高まる。

　　→ 東京では暴動に発展(日比谷焼き打ち事件)。

なぜ？
日清戦争に敗れた後, 清への列強の進出が続いていたため。

朝鮮は, 清からの独立を宣言し, 1897年に国名を大韓帝国(韓国)に改めた。

なぜ？
ロシアの東アジアでの勢力拡大を抑えたいイギリスと, 日本の利害が一致したから。

ゴロ
　１９０４
一つくれよと
日露戦争

与謝野晶子は日露戦争で出征した弟の身を案じて,「君死にたまふことなかれ」という詩を詠んだ。

なぜ？
日露戦争での死傷者は日清戦争に比べてはるかに多く, さらに国民は, 増税に耐えて戦争に協力してきたので。

(3)韓国併合, 満鉄の設立

1905年, 日本は韓国から外交権を奪って保護国とする。

　　→ 韓国統監府を置く…初代統監は＿＿＿＿＿＿＿。

　　　　　　　　↓

韓国の皇帝を退位させ, 軍隊を解散させる。

　　→ 韓国国内で日本に対する抵抗運動が広がり(義兵運動),

　　　1909年, 伊藤博文が義兵運動家の安重根に暗殺される。
　　　　　　　　　　　　　　　　　　　アンジュングン

> ゴロ
> 1 9 10
> いく十年
> 日本　韓国を併合す

1910年, ＿＿＿＿＿＿＿…日本は韓国を併合し,

植民地とする。
　　　　　└ 韓国を「朝鮮」と改称した

　　→ 朝鮮総督府を設置し, 武力を背景に支配。

　　→ 学校で日本人に同化させる教育を行う(同化政策)。
　　　　　　　　　　└ 朝鮮の歴史や朝鮮語より日本史や日本語を重視

1906年, 日本は＿＿＿＿＿＿鉄道株式会社(満鉄)を設立。

　　→ 満州への経済進出をねらうアメリカと対立するように。

(4)中華民国の成立

中国で, 清をたおして漢民族の独立と近代国家の建設を目指す

革命運動が高まる。

　　…革命の中心は三民主義を唱えた＿＿＿＿＿。

> 三民主義…
> 民族の独立(民族)
> 政治的な民主化(民権)
> 民衆の生活の安定(民生)
> の3つからなる革命の指
> 導理論。

1911年, ＿＿＿＿＿＿が起こる。

　　　　　　↓

1912年, ＿＿＿＿＿＿が建国される。
　　　　　└ アジアで最初の共和国

> ゴロ
> 1 9 1 1
> 行く人々は
> 辛亥革命

孫文　人々

　　…孫文が臨時大総統に。首都は南京。
　　　スンウェン　　　　　　　　　　　ナンキン

清の実力者袁世凱…皇帝を退位させ, 清は滅亡。
　　　　　エンセイガイ
　　　　　ユアンシーカイ

　　→ 大総統となり, 首都を北京に移して独裁政治。
　　　　　　　　　　　　　　ペキン

袁世凱の死後, 中国は各地の軍閥が争い, 混乱が続く。

34 日本の産業革命，近代文化

(1)日本の産業革命の進展

1880年代後半，日本の＿＿＿＿＿＿は，紡績・製糸などの
軽工業を中心に進む。

◉紡績業…日清戦争後に綿糸の輸出量が輸入量を上回る。
　　　　　主な輸出先は朝鮮や中国などアジア諸国。

◉製糸業…主にアメリカ向けの輸出で発展。
　　　　　日露戦争後には生糸の世界最大の輸出国に。

◉重工業の発展

1901年，＿＿＿＿＿＿＿が操業を始める。

　　…日清戦争で得た賠償金をもとに建設。

　　→ のちの日本の重化学工業発展の基礎になる。

> 中国から輸入した鉄鉱石と，筑豊炭田の石炭を使って鉄鋼を生産した。

◉交通機関の発展

　官営の東海道線が全線開通(1889年)。民営鉄道も発展。

　　→ 1906年，主要な民営鉄道を国有化。

> なぜ？
> 経営の統一や，軍事上の必要から。

◉三井・三菱・住友・安田などの資本家は＿＿＿＿に成長。

　　└ さまざまな業種に進出し，日本経済を支配

◉社会問題の発生…労働者の低賃金・長時間労働など。

　　→ 日清戦争後，労働運動が活発化。

　　　労働組合が結成され，労働争議が増加。

　　　　↓

1911年，工場法…12歳未満の就業禁止，
労働時間の制限などを定める→労働者の状況は改善せず。

◉社会主義運動…日本初の社会主義政党が結成される。

　　　　　　└ 政府は直ちに解散を命じる

> 1910年，天皇の暗殺を計画したとして，多くの社会主義者が逮捕され，幸徳秋水らが処刑された(大逆事件)。

◉農村の変化…小作人の増加→子どもを工場に働きに出す
人，ハワイなど海外に移住する人も現れる。

◉足尾銅山鉱毒事件

　…＿＿＿＿＿が銅山の操業停止や，被害者の救済を訴え
る。

(2)近代文化の形成

◎美術

フェノロサと岡倉天心(おかくらてんしん)が日本美術の復興に努める。

→ 日本画の＿＿＿＿＿＿＿…海外でも

　高い評価を受ける。

西洋画の＿＿＿＿＿＿＿…印象派(いんしょうは)の画風を

伝える。　　└フランスに留学

彫刻(ちょうこく)の荻原守衛(おぎわらもりえ)…欧米風(おうべい)の近代彫刻を制作。

　　└ロダンに師事

◎音楽　滝廉太郎(たきれんたろう)…洋楽の道を開く。

　　└「荒城の月(こうじょう)」,「花」

★湖畔(こはん)（黒田清輝画(くろだせいき)）

◎文学

二葉亭四迷(ふたばていしめい)…話し言葉(口語)を用いて小説を書く。

→ 文語表現にかわり, 口語表現が新しい表現として広ま

　る。

正岡子規(まさおかしき)…俳句(はいく)や短歌の革新運動を進める。

日清戦争前後

…自由な感情や個性を重視するロマン主義が主流。

　短歌の与謝野晶子(よさのあきこ), 小説の＿＿＿＿＿＿＿など。

　　　　　　　　　　　『たけくらべ』

日露戦争の前後

…社会を直視する自然主義が主流。短歌の石川啄木(いしかわたくぼく)など。

→ ＿＿＿＿＿＿と森鴎外(もりおうがい)…独自の作風の小説を発表。

　　『吾輩は猫である(わがはい ねこ)』

★夏目漱石(なつめそうせき)

◎学校教育の普及(ふきゅう)…国民への教育の基礎(きそ)が固まる。

義務教育…3・4年から6年に延長。

私立学校(のちの大学)も発展し, 女子教育もさかんに。

　　└津田梅子(つだうめこ)など

◎自然科学…19世紀末, 世界で最先端(さいせんたん)の研究を行う科学者の登

場。

北里柴三郎(きたさとしばさぶろう)…破傷風(はしょうふう)の血清療法(けっせいりょうほう)を発見。

　　　　＿＿＿＿＿…黄熱病(おうねつびょう)を研究。

吹き出し1：欧米(おうべい)の文化が広まった明治時代の初めから, 日本の伝統文化の価値が軽視されていた。

吹き出し2：この時期, 女性の文学者が活躍(かつやく)。

吹き出し3：小学校の就学率は, 日露戦争後, 100%近くになった。

確認テスト④

/100

●目標時間：３０分　●１００点満点　●答えは別冊 25 ページ

1 右の年表を見て，次の各問いに答えなさい。

<5点×3>

重要 (1) **A**について，産業革命が最初に始まった国の名前を答え
なさい。

[　　　　　　　　　　　　]

(2) **B**について，この革命が始まった 1789 年に，国民議会が
発表した宣言を何といいますか。

[　　　　　　　　　　　　]

(3) **C**について，この戦争の講和条約を何といいますか。

[　　　　　　　　　　　　]

世紀	できごと
18	産業革命が始まる……**A** フランス革命が始まる ………………………**B**
19	アヘン戦争が起こる…**C**

2 右の年表を見て，次の各問いに答えなさい。

<(2)は 10 点，他は 5 点×5>

(1) **下線部a**のアメリカの使節の名前を答えなさい。

[　　　　　　　　　　　　]

(2) **下線部b**の条約には，日本にとって不平等な内容が
主に２つありました。このうち，貿易に関する内容を
簡単に説明しなさい。

[　　　　　　　　　　　　]

年代	できごと
1853	**a アメリカの使節が来航する**
1854	日米和親条約を結ぶ
1858	**b 日米修好通商条約を結ぶ**
	大規模な一揆や（**c**）が起こる
1867	（**d**）が **e 朝廷に政権を返す**

(3) （　**c**　）は都市で生活に困った人々が大商人などを襲ったできごとです。これを何とい
いますか。

[　　　　　　　　　　　　]

(4) （　**d**　）は，江戸幕府の第 15 代将軍です。この人物を次の**ア～エ**から１人選び，記号で
答えなさい。

ア 徳川慶喜　　**イ** 徳川家茂　　**ウ** 徳川綱吉　　**エ** 徳川家光

[　　　　　　　　　　　　]

重要 (5) **下線部e**について，①（　**d**　）が政権を朝廷に返したできごとを何といいますか。また，
②そのあとに始まり，1869 年まで続いた新政府軍と旧幕府軍の戦いを何といいますか。

①[　　　　　　　　　] ②[　　　　　　　　　]

3 次の文を読んで，あとの各問いに答えなさい。 <(3)は10点，他は5点×5，(1)は完答>

A ①民撰議院設立の建白書が政府に提出され，国会開設を求める声が高まった。

B 土地の所有者に，地租として地価の3％を現金で納めさせた。

C 天皇が神に誓うという形で，新政府の政治の基本方針を出した。

D ②大日本帝国憲法が発布され，翌年，③第1回帝国議会が開かれた。

E 藩を廃止して全国に府と県を置き，中央から府知事・県令を派遣した。

X れんがづくりの建物が現れ，ガス灯がともり，牛肉を食べる習慣などが広まった。

(1) A～Eを年代の古い順に並べなさい。

〔　　　→　　　→　　　→　　　→　　　〕

(2) 下線部①の中心になった人物の名前を答えなさい。

〔　　　　　　　　　　　　〕

(3) 下線部②の発布の準備として，伊藤博文らは，（　　　）ドイツやオーストリアなどで憲法を学びました。（　　　）に当てはまる，ドイツやオーストリアの憲法の特色を，簡単に答えなさい。

〔　　　　　　　　　　　　　　　　　〕

重要 (4) 下線部③について，議員を選ぶための選挙が行われました。このとき選挙権があったのはどのような人ですか。次の文中の**a**，**b**に当てはまる数字や語句を選びなさい。

満**a**（20　25　30）歳以上で，直接国税を1年に15円以上納める**b**（男子　女子　男女）。

a〔　　　　　　　　〕 b〔　　　　　　　　〕

(5) 明治維新によって欧米の文化がさかんに取り入れられたことで，**X**のように，都市を中心に伝統的な生活が変化し始めました。このような現象を何といいますか。漢字4字で答えなさい。

〔　　　　　　　　　　〕

4 日清・日露戦争について，次の各問いに答えなさい。 <5点×3>

(1) 日清戦争が始まるきっかけのできごとを，次の**ア～エ**から1つ選び，記号で答えなさい。

　ア 義和団事件　　**イ** 太平天国の乱　　**ウ** 甲午農民戦争　　**エ** 辛亥革命

〔　　　　　　　　〕

(2) 日露戦争後のできごとではないものを，次の**ア～エ**から1つ選び，記号で答えなさい。

　ア 韓国を併合した。　　　　　　　**イ** 関税自主権の完全回復に成功した。

　ウ 領事裁判権の撤廃に成功した。　**エ** 南満州鉄道株式会社を設立した。

〔　　　　　　　　〕

(3) 日清・日露戦争が起こったころに著された文学作品として，当てはまるものを次の**ア～エ**から1つ選び，記号で答えなさい。

　ア 『吾輩は猫である』　　**イ** 『奥の細道』

　ウ 『学問のすゝめ』　　　**エ** 『南総里見八犬伝』

〔　　　　　　　　〕

31 第一次世界大戦

(1)第一次世界大戦

19世紀末
列強の間の対立。

◎＿＿＿＿＿＿…ドイツ・オーストリア・イタリア

◎＿＿＿＿＿＿…イギリス・フランス・ロシア

民族の対立。

◎バルカン半島…スラブ民族の独立運動がさかん

になり，「＿＿＿＿＿＿＿＿」と呼ばれる。

↓

1914年，サラエボ事件が起こる。
スラブ系のセルビア人がオーストリアの皇位継承者夫妻を暗殺
↓

オーストリアがセルビアに宣戦布告。

→ まもなく各国も参戦し，＿＿＿＿＿が始まる。

…同盟国と連合国(協商国)との戦い。
セルビア側についた

↓

初めての世界規模の戦争になる。

◎新兵器の登場…戦車・飛行機・毒ガス・潜水艦など。

◎＿＿＿＿＿…各国が国力のすべてを戦争につぎ込み，社会
全体を戦争体制に協力させる。

[右上の図]

1902年日英同盟

英露協商

ロシア

1907年日露協約

ドイツ オーストリア

イギリス

1882年 三国同盟

日本

フランス

イタリア 露仏同盟

□ 三国協商

日仏協約

★第一次世界大戦前の国際関係

[吹き出し] 独立運動を支援するロシアと，半島に勢力を伸ばそうとするオーストリアが対立。

ゴロ

1 9 1 4
行く人死んだ
第一次世界大戦

なぜ? 列強が，植民地の人々も動員して，アジアやアフリカの一部も戦場になったため。

三国同盟と三国協商

✏〔 〕の中に国名を入れましょう。

〔　　　　〕　　　　〔　　　　〕

フランス　ロシア　オーストリア　イタリア

[吹き出し] イタリアは，オーストリアとの関係が悪化して，連合国側で参戦した。

(2)ロシア革命

第一次世界大戦中のロシアでは，
戦争や皇帝の専制に対する不満が高まった。

> **なぜ?**
> 食料や燃料の不足が深刻になる中，皇帝は戦争を続けたから。

1917年，＿＿＿＿＿＿が起こる。

◉労働者や兵士が代表会議(ソビエト)を結成，皇帝は退位。
その後成立した臨時政府も戦争を続ける。

↓

◉社会主義を目指す＿＿＿＿＿らが臨時政府をたおし，
ソビエト中心の新政府を樹立。
┗世界初の社会主義の政府

世界で初めての社会主義の政府だ!!
レーニン

> ソビエト政府は，ドイツと単独講和を結び，第一次世界大戦を離脱した。

革命への干渉
＿＿＿＿＿…日本・アメリカ・イギリス・フランスなどがシベリアに軍隊を派遣。

→ 失敗。

> **なぜ?**
> 旧ロシア軍の戦争復帰への期待と，社会主義の拡大を抑える目的のため。

↓

1922年，＿＿＿＿＿＿＿が成立。

レーニンの死後，スターリンが指導者になる。
→＿＿＿＿＿…重工業の増強と農業の集団化を強行。
┗1928年から始めた計画経済

(3)第一次世界大戦と日本

日本は＿＿＿＿＿に基づいてドイツに宣戦布告。
…連合国側で第一次世界大戦に参戦。

> **なぜ?**
> 列強の関心がヨーロッパにある隙に，日本は中国に勢力を伸ばそうと考えた。

1915年，中国に＿＿＿＿＿を示す。

→ 大部分を強引に認めさせる。

内容 ◉日本が山東省の権益をドイツから引き継ぐ。
◉旅順・大連の租借期限を延長する。　など。

> **ゴロ**
> 1915
> 人食い殺す
> 二十一か条の要求

中国は強く反発，反日運動が本格的に始まる。

36 第一次世界大戦後の世界

(1)ベルサイユ条約

1918年,第一次世界大戦は,＿＿＿＿＿国側の勝利で終わる。

1919年,パリ講和会議が開かれる。

◎＿＿＿＿＿＿＿＿＿＿が結ばれる。

…連合国とドイツとの講和条約。

内容 ドイツは,巨額の賠償金と軍備縮小を科され,全て
の植民地と本国の領土の一部を失う。

◎アメリカのウィルソン大統領が＿＿＿＿＿＿の原則を唱
える。

→ 東ヨーロッパで多くの民族が独立。

→ アジアやアフリカでは植民地支配が続く。

> パリへ行く行く
> ベルサイユ条約
> 1919

> 民族は,そのあり方や進む
> 方向を,自分たちで決める
> 権利があるという考え。

(2)国際連盟と国際協調

1920年,＿＿＿＿＿＿＿＿＿がジュネーブ(スイス)を本部に発足。

パリ講和会議でのウィルソン大統領の提案による

…世界平和と国際協調を目的とする,世界初の国際機関。

…常任理事国は,日本・イギリス・フランス・イタリア。

◎アメリカは議会の反対で加盟せず。

◎最初は,敗戦国や社会主義国のソ連は加盟が認められず。

◎国際紛争の解決のための手段が限られていた。

→ 影響力は弱かった。

> ビッグにまるめて
> 国際連盟
> 1920

1921～22年,＿＿＿＿＿＿＿＿＿が開かれる。

…アメリカの呼びかけ。

内容 ◎海軍の軍備を制限(ワシントン海軍軍縮条約)。

◎中国の独立と領土の保全を確認。

◎日英同盟は解消,山東省での日本の権益は返還。
シャントン

→ 1920年代は国際協調の時代に。

> 第一次世界大戦で消耗し
> たヨーロッパ諸国に代わ
> り,アメリカが世界経済
> の中心になり,政治面で
> の発言力も強めた。

(3)民主主義の拡大

戦後のヨーロッパ
- ◎普通選挙による議会政治の拡大。
- ◎多くの国で女性が職業と選挙権を得る。

> **なぜ？**
> 総力戦を支えた国民の,政治への要求に応える政策を進めたから。

1919年,ドイツで　　　　　　　　　　を制定。- - - - - - - - - -

> 初めて社会権を認めた憲法として知られる。

- ◎国民主権,男女普通選挙,労働者の団結権などを定める。
- ◎当時,世界で最も民主的な憲法。

1924年,イギリスで初の労働党内閣が成立。

(4)アジアの民族運動

> 1919年5月4日に起こった。

◎中国

1919年,　　　　　　　　　が起こる。

　　…反日運動から,帝国主義に反対する全国的な運動へ発展。

> **なぜ？**
> パリ講和会議で二十一か条の要求の取り消しや,山東省の権益の返還を求めたが拒絶されたため。

孫文(そんぶん)(スンウェン)は中国国民党を結成。
　→ 中国共産党と協力して国内統一を目指す。
　　　└1921年結成

◎朝鮮(ちょうせん)

1919年,　　　　　　　　　が起こる。

　　…知識人や学生が京城(けいじょう)(ソウル)で日本からの独立を宣言。

　→ 朝鮮総督府(そうとくふ)が武力で鎮圧(ちんあつ)。

　　日本政府は統治方針を転換(てんかん)するが,独立運動は続いた。
　　　　└朝鮮の人々の権利を一部認める　　　└同化政策は進め
　　　　　などした　　　　　　　　　　　　　　たため

> 民族自決の考えの影響(えい)を受けた人々が,「独立万歳(ばんざい)」を叫(さけ)んでデモ行進を行った。

◎インド

イギリスは,インドに自治を与(あた)えるという約束と引き換(か)えに,

第一次世界大戦の戦場にインド人兵士を動員。

　→ 戦後,イギリスは約束を守らず,民族運動を弾圧(だんあつ)。

　　　　　　　　　　↓

　　　　　　　の指導で非暴力・不服従の抵抗(ていこう)運動が

高まる。
　　　　└イギリスに対して,完全な自治を要求した

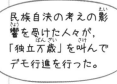

ガンディー
非暴力不服従

37 大正デモクラシー

(1)政党内閣の成立

◎1912年, 第一次 ＿＿＿＿＿＿＿ が起こる。

…憲法に基づく政治を守ることをスローガンとする運動。

↓

運動は盛り上がり, 桂内閣は退陣。

◎＿＿＿＿＿＿＿…第一次世界大戦による日本の好景気。

→ 連合国やアメリカへの軍需品や工業製品の輸出が増加。

→ 欧米からの輸入が止まったことで重化学工業が成長。

→ 財閥はさらに力をつけた。
　　└明治以来日本経済の中心

好景気で物価が上がり, 民衆の生活は苦しくなる。

さらに1918年, 米の価格が急上昇。

↓

米の安売りを求める ＿＿＿＿＿ が全国に広がる。
　　　　　　　└富山県の漁村から始まった

→ 政府は軍隊を出動させて鎮圧。寺内正毅内閣は退陣。

→ 立憲政友会の ＿＿＿＿＿ が内閣を組織。

　…日本で最初の本格的な政党内閣。
　　└陸軍・海軍・外務大臣以外の閣僚は立憲政友会の党員で構成された

(2)大正デモクラシーの思想

◎＿＿＿＿＿＿＿…大正時代を中心に民主主義(デモクラシー)が強く唱えられた風潮。

→ 吉野作造が ＿＿＿＿＿ を唱える。

…普通選挙による, 政党中心の議会政治の実現を主張。

→ 美濃部達吉が天皇機関説を唱える。

… 天皇は国家の最高機関で, 憲法に従い統治するという学説。

原 敬

(3)社会運動の広がり

第一次世界大戦後, 社会運動が活発になり, 社会主義の思想も広まった。

◉労働運動…労働者が団結して労働組合をつくり, 経営者に
　待遇改善(たいぐう)などを求めて＿＿＿＿＿＿＿を起こす。

◉農民運動…小作人が, 地主に小作料の減額などを求めて
　＿＿＿＿＿を起こす。

◉女性運動…＿＿＿＿＿＿＿＿＿らが新婦人協会を設立。
　→ 女性の政治活動の自由, 女子高等教育の拡充(かくじゅう)などを
　　訴える(うった)。

女性の
地位の
向上を！
平塚
らいてう

◉差別に苦しむ人々
　…1922年, 被差別部落の人々は＿＿＿＿＿＿＿＿を結成。
　→ 自力で差別からの解放を目指す。

らいてうは, 1911年に青
鞜社(とうしゃ)を結成し, 女性の
解放を唱えてきた。

(4)普通選挙の実現

1924年, 第二次護憲運動が起こり, 加藤高明(かとうたかあき)が政党内閣を組織。
　　　　　　↓
1925年, ＿＿＿＿＿＿＿が成立する。
…満＿＿＿歳(さい)以上のすべての男子に選挙権。
　┗納税額の制限を廃止　　　┗有権者が約4倍に増える

1925年, ＿＿＿＿＿＿＿が成立する。
…共産主義などを取り締まる。のちに対象が社会運動全体に。

ゴロ
1 9 2 5
行くぞニコニコ
普通選挙

女子には選挙権は与えら(あた)
れないままだった。

(5)大正時代の文化

◉一般大衆に向けた大衆文化が発展
　→ 新聞・雑誌・書籍(しょせき)など, 活字文化が広がる。
　→ 1925年, ＿＿＿＿＿＿が始まる…新聞と並ぶ情報源に。

◉文学…志賀直哉(しがなおや)(白樺派(しらかば)), 小林多喜二(こばやしたきじ)(プロレタリア文学),
　　　　　　＿＿＿＿＿(『羅生門(らしょうもん)』など)。　┗労働者の生活を描く(えが)

★関東大震災(だいしんさい)
1923年9月1日, 東京・
横浜（神奈川県）を中心に
大地震が起こった。その復
興の中で, 道路を広くする
など計画的な街づくりが進
められた。

◉都市の生活…欧米風(おうべい)の応接室のある「文化住宅」が流行。
　バスガール・電話交換手など女性の社会進出が進む。

91

38 世界恐慌

(1)世界恐慌の始まり

第一次世界大戦後, アメリカは世界経済の中心として繁栄。

→ ヨーロッパ諸国の生産が回復すると, 生産過剰に。

1929年10月, アメリカのニューヨークの株式市場で株価が大暴落。

→ 世界中に不景気が広がり, 　　　　　　　となる。

ゴロ
借金が　ひどくふくらむ
　　　　1　9　2　9
世界恐慌

なぜ?
アメリカは, ヨーロッパ諸国の復興資金など, 多くの国に資金を貸していたため。

(2)各国の動き

● アメリカの対策　　　　　　　　　　(新規まき直し)政策。

…ローズベルト大統領が進める。
（ルーズベルト）

…積極的に公共事業を起こして失業者を助け, 労働組合を保

護。

● イギリス・フランスの対策　　　　　　経済。

…本国と植民地の貿易を拡大, 他国の商品を締め出す。
　　　　　　　　　　　　　　　　　　　　高い関税をかけた

植民地の少ないドイツ・イタリア・日本は, 独自のブロック経済をつくろうと, 新たな領土の獲得を始める。

● ソ連…独自の計画経済のため, 恐慌の影響を受けなかった。
　　　　　五か年計画

(3)ファシズムの台頭

　　　　　　　　　　…個人の自由や民主主義を否定し(全体

主義), 対外的には軍事力での領土拡大を目指した政治体

制。　→ イタリアやドイツで台頭。

280 260	鉱工業生産指数 1929年を100とする	1935年 293.4

ソ連
日本
ドイツ
アメリカ合衆国
世界恐慌

280 260 240 220 200 180 160 140 120 100 80 60 40 20 0

1927年　1929　1931　1933　1935

★ 1929年前後の鉱工業生産指数

● イタリア

　　　　　　　率いるファシスト党が政権を握る。

→ 世界恐慌で経済が行きづまり, エチオピアを侵略。
　　　　　　　　　　　　　　　　　　　1936年, 併合

● ドイツ

　　　　　　　を党首とするナチスが政権を握る。

→ ユダヤ人を迫害。　　　　国民社会主義ドイツ労働者党

→ ワイマール憲法停止。国際連盟脱退。再軍備を進める。
　　　　　　　　　　　　ベルサイユ条約を無視した

各国の動き

✎〔　〕の中に国名を入れましょう。

〔　　　　　　　〕　〔　　　　　　　〕や フランス〔　　　　　　　〕や イタリア

(4)日本の不景気

第一次世界大戦後から不景気が続き，1923年の　　　　　　　　　　
は，日本経済にさらに大打撃を与えた。

1927年，金融恐慌…多くの銀行が休業に追い込まれる。
1930年，　　　　　　　　…世界恐慌の影響による。

→ 都市では，多くの企業が倒産，失業者が増大。

→ 農村では，農作物の価格の暴落で生活苦に。

→ 東北地方と北海道は，冷害で大凶作に。

↓

労働争議や小作争議が激しさを増す。
財閥と結びつく政党への不信が高まる。

なぜ?
一部の銀行の経営状態が悪いと伝えられ，多くの人が銀行に殺到して預金を引き出したため。

恐慌の後に急増!

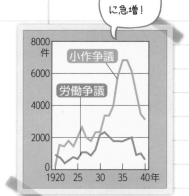

★ 小作争議と労働争議の発生件数

(5)協調外交の行きづまり

浜口雄幸内閣…ロンドン海軍軍縮条約に調印
　　↳ 立憲民政党の内閣

→ 軍縮によって国民の負担を減らすため，
　イギリスやアメリカとの協調を図る。

→ 一部の軍人や国家主義者が批判。首相は狙撃され辞任。

浜口内閣は，中国との関係も改善しようとした。

39 日本の中国侵略

(1)満州事変

_____ …孫文の死後, 中国国民党を率いる。

→ 1927年, 南京に国民政府をつくり, 翌年, 中国をほぼ統一。

↓

日本から満州の権益を取り戻そうとする動きが強まる。

1931年, _____ …関東軍が奉天郊外の柳条湖で南満州鉄道の線路を爆破し, 軍事行動を開始。満州全体を占領する。

↓ 中国側の仕業とした

1932年, _____ を建国…日本が実質的に支配。

→ 日本国内では, 新聞や民衆が軍の行動を支持。
昭和恐慌に苦しんでいた

中国は, 日本の軍事行動を侵略であると国際連盟に訴える。

↓

国際連盟は満州国を認めず, 日本軍に占領地からの撤兵を勧告。

↓

1933年, 日本は国際連盟を脱退→国際的な孤立を深める。

ゴロ
1931
独裁の 道つき進む
満州事変

資源が豊かな満州を支配することで, 不景気を解決しようとする考えが広まった。

(2)軍部の発言力の高まり

軍人や国家主義者の間で, 政党や財閥をたおして軍事政権をつくり, 国家をつくり直そうという動きが活発になった。

ゴロ
1932
いくさになるぞ
五・一五事件

○ _____ 事件
…1932年5月15日, 海軍の青年将校らが犬養毅首相を暗殺。
↓ 議会政治を守ろうとしていた
政党内閣の時代が終わり, 軍人が首相になることが多くなる。

1924年の加藤高明内閣から, 衆議院で多数を占める政党が内閣をつくる慣例「憲政の常道」が続いたが, 五・一五事件で終わった。

○ _____ 事件
…1936年2月26日, 陸軍の青年将校が大臣などを殺傷し, 東京の中心部を占拠。
↓ まもなく鎮圧された
軍部は政治的発言力を強め, 軍備増強を進める。

ゴロ
1936
ひどく寒い日
二・二六事件

●経済の回復と重工業化…1930年代,日本は不景気から立ち直る。

　→ 軍需品（ぐんじゅ）の生産と政府の保護で,重化学工業が発展。

　→ 新しい財閥（ざいばつ）が急成長し,満州や朝鮮（ちょうせん）に進出。

> 輸出が増えて,ブロック経済をとる列強との間で貿易摩擦（まさつ）が深刻になった。

(3)日中戦争

1937年7月,北京（ペキン）郊外の盧溝橋（ろこうきょう）（ルーコウチアオ）で起こった日中両軍の
武力衝突（しょうとつ）をきっかけに,＿＿＿＿＿＿＿が始まる。

　↳盧溝橋事件

●中国の動き

1937年9月,内戦を続けていた蒋介石（しょうかいせき）（チャンチエシー）が指導する国民党と
＿＿＿＿＿＿が率いる共産党が,抗日民族統一戦線（こうにち）を結成。

　→ 日本との戦争のために協力。

> 停戦しましょう
> 内戦してる場合じゃない
> 毛沢東

●日本の動き

1937年末,首都南京（ナンキン）を占領…多くの中国人を殺害。

　　　　　　　　　↳南京事件

●アメリカ・イギリス・ソ連は中国を支援（しえん）→戦争は長期化。

(4)戦時体制の強化
↳戦争を続けることを最優先させた国の体制

● ＿＿＿＿＿＿＿＿を制定(1938年)…政府が議会の承認なし
に,戦争に必要な労働力や物資を動員できるとした法律。

> ゴロ
> 1938
> いくさは続く総動員。

●政党は解散し,＿＿＿＿＿＿に合流…戦争に協力するた
め。

> 小学校は国民学校と改称（かいしょう）されて,軍国主義的な教育が進められたよ。

●国民生活への統制…軍需品の生産が優先。

　→ 米・砂糖・マッチ・衣料品などは配給制や切符制（きっぷ）に。

　→ 町内会に隣組（となりぐみ）…政府の政策を伝え,住民を互いに監視（たがい）（かんし）。

● ＿＿＿＿＿＿政策…朝鮮で,日本語の使用や神社参拝の強要,
姓名（せいめい）を日本式に改めさせる創氏改名などが進められる。

40 第二次世界大戦

(1)第二次世界大戦

● 大戦の始まり

ドイツ

→ 1938年, オーストリアと, チェコスロバキアの西部を併合。

→ 1939年8月, ソ連と＿＿＿＿＿＿＿＿＿を結ぶ。

└ 互いに攻めないことを約束

→ 1939年9月, ポーランドに侵攻。

→ イギリス・フランスがドイツに宣戦布告。

… ＿＿＿＿＿＿＿＿＿＿が始まる。

なぜ？
ドイツはイギリス・フランスと, ソ連は日本との戦いにそれぞれ専念するため。

ゴロ

1939
いくさ苦しい
第二次世界大戦

第二次だ…

● 戦争の拡大

1940年, ドイツがパリを占領し, フランスは降伏。

→ ドイツの優勢をみて,

イタリアがドイツ側で参戦。

→ 1941年6月, 独ソ不可侵条約を

破り, ドイツがソ連に侵攻。

1941年8月, アメリカとイギリスが

＿＿＿＿＿＿＿＿を発表。

└ ドイツに対抗する決意と, 戦後の平和構想を示す

| 枢軸国 | 1942年の枢軸側の最大支配地および占領地 |
| 中立国 | |

★ 第二次世界大戦中のヨーロッパ

(2)ドイツの占領政策

ドイツは, ヨーロッパのほとんどを支配下に置き, 各地で厳しい

占領政策を行う。

● 反抗する者への弾圧, 物資を取り上げる, 住民をドイツに連

行して働かせる。

● ユダヤ人を迫害…各地の強制収容所に送り, 労働させ, 殺

害。

└ アウシュビッツ (ポーランド) など

↓

占領地で, 抵抗運動(レジスタンス)が行われる。

…ドイツ軍の作戦の妨害や, 迫害された人々を助けるなど。

ヨーロッパのユダヤ人約900万人のうち, 約600万人がなくなった。

(3)日本の南進
⌐東南アジアへ軍を進めた

目的…石油やゴムなどの資源を獲得(かくとく)するため。

　　　また, アメリカやイギリスの中国への援助(えんじょ)を断ち切るため。
　　　　　　　　　　　　　　　⌐援蒋(えんしょう)ルート

1940年, ＿＿＿＿＿＿＿＿＿＿＿＿を結ぶ。

　　…日本・ドイツ・イタリアは結束を強める。

→ 「大東亜共栄圏(だいとうあきょうえいけん)」の建設を主張…日本を指導者に, 植民地支配

　　をする欧米(おうべい)を追い出し, アジアの民族だけで繁栄(はんえい)を目指す。

1941年, ソ連と＿＿＿＿＿＿＿＿＿＿＿を結ぶ。

　　…北方の安全を確保し, さらに南進。

　　　　　　↓

アメリカとの対立が深まる。

　　→ 日本への石油などの輸出を禁止。

　　→ イギリスやオランダも同調し,

　　　　日本は経済的に孤立(こりつ)(ABCD包囲陣(ほういじん))。

日米交渉の決裂(けつれつ)

　　…アメリカが, 日本軍の中国や東南アジアか

　　　らの全面撤兵(てっぺい)を要求。

　　　→ 東条英機(とうじょうひでき)内閣はアメリカとの戦争を決定。

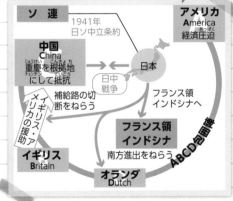

アメリカ(America), イ
ギリス(Britain), 中国
(China), オランダ
(Dutch)の頭文字を
とってABCD包囲陣。

★ 太平洋戦争直前の日本の国際関係

第二次世界大戦

✎〔　〕の中に国名を入れましょう。

反ファシズムのイギリ
ス・フランス・アメリカを
連合国, 連合国と戦った
ドイツ・イタリア・日本を
枢軸国(すうじくこく)という。

41 太平洋戦争

(1)太平洋戦争の始まり

1941年12月8日,

日本軍はイギリス領のマレー半島に上陸するとともに,

アメリカ海軍基地があるハワイの真珠湾を攻撃。

→ ＿＿＿＿＿＿＿ が始まる。

ゴロ

行くよいちずに
１９４１
真珠湾

ドイツ・イタリアも,アメリカに宣戦布告。

　　→ 第二次世界大戦は,世界規模の戦争に拡大。

　　　　　↓

日本軍は短期間のうちに,東南アジアから南太平洋の地域を占領。

1942年,ミッドウェー海戦で敗北。

　　→ 日本軍の攻勢は止まり,長期戦へ。

(2)戦時下の暮らし

◎ ＿＿＿＿＿＿＿…兵力が不足し,それまで徴兵されなかった大

学生などが戦場へ送られた。

◎ ＿＿＿＿＿＿＿…労働力が不足し,中学生・女学生などが

軍需工場などで働かされた。

勤労動員

◎ ＿＿＿＿＿＿＿＿＿…空襲を避けるため,都市の小学

生が親元を離れ集団で農村などに移った。

空襲

空襲をさけて疎開するのよ

学童疎開
(集団疎開)

(3)植民地と占領地

日本は植民地や占領地からも動員を行った。

◎朝鮮人や中国人…日本各地の鉱山や工場などに連れて行

き,低賃金で厳しい労働を強制した。

　　→ 戦争末期には,朝鮮や台湾でも徴兵制を導入。

◎東南アジア…労働を強制し,物資を取り上げた。

　　　　└現地の住民の日本に対する期待はしだいに失われた

人々は,当初,日本に植民地からの解放を期待していた。

(4)イタリアとドイツの降伏

1942年より, 連合国が反撃を開始, アメリカが中心となって
枢軸国(すうじくこく)を追いつめた。

◉1943年2月, ソ連軍がドイツ軍を撃退(げきたい)。

　9月, イタリアが降伏(こうふく)。
　　　　┗ムッソリーニは失脚(しっきゃく)した

◉1944年8月, 連合国軍がパリをドイツから解放。

◉1945年2月, ＿＿＿＿会談

　…アメリカ・イギリス・ソ連が, ソ連の対日参戦と南樺太(からふと)と
　千島列島(ちしま)をソ連領とすることなどを密約。
　　　　┗参戦の見返り

◉1945年5月, ドイツが降伏。
　　↓　　　┗ヒトラーは自殺した

ヨーロッパでの戦争が終わった。

アメリカには,
巨大(きょだい)な経済力と
軍事力があった。

～ヤルタ会談～
　　　　ソ連
イギリス　　　アメリカ

(5)日本の降伏(1945年の動き)

◉3月, ＿＿＿＿大空襲(くうしゅう)…都市の無差別爆撃(ばくげき)が本格化。

　アメリカ軍が沖縄に上陸。

　　→ 民間人を巻き込(こ)んだ地上での戦闘(せんとう)が行われる。
　　　　　┗約60万人の県民のうち, 約12万人が犠牲(ぎせい)に

◉7月, 連合国が＿＿＿＿＿＿を発表

　…日本の無条件降伏などを求める→ 日本は黙殺(もくさつ)。

◉8月6日, アメリカが広島に, ＿＿＿＿＿＿＿＿＿を投下。

　8日, 日ソ中立条約を破ってソ連が宣戦布告。
　　　　┗ヤルタ会談での密約に基(もと)づく

　9日, アメリカが長崎に, 原子爆弾(ばくだん)を投下。

◉8月14日, ポツダム宣言を受け入れ, 降伏することを決める。
　　→ 15日, 昭和天皇がラジオ放送で国民に知らせる。
　　↓　　　┗玉音放送(ぎょくおん)

第二次世界大戦が終わる。

満州(まんしゅう)・朝鮮(ちょうせん)・
千島列島(ちしま)に侵(しん)
攻(こう)してきた。

終わった!

ゴロ

１ ９ ４ ５
武装解くよろこび
大戦終結

42 民主化と日本国憲法

(1)占領下の日本

敗戦後の日本…ポツダム宣言に基づき,植民地はすべて失った。

◎領土…北海道・本州・四国・九州と周辺の島々に限られる。

◎沖縄・奄美群島・小笠原諸島…アメリカ軍が直接統治。

◎北方領土…ソ連が不法に占拠。

◎シベリア抑留…満州などでソ連に捕らえられた約60万人
が,シベリアで強制労働をさせられた。

◎中国残留日本人孤児…中国で多くの子どもたちが孤児とな
り,中国人に養育された。

> 植民地や占領地か
> ら,約600万人の
> 日本人が帰国した。

なぜ？

> ソ連の侵攻に伴う
> 混乱で肉親と生き
> 別れたため。

国民生活…空襲で多くの人が住宅を失った。

…復員や引き揚げで人口が増え,失業者があふれた。

…食料不足はとくに深刻だった。

> 都市の人々は農村
> への買い出しや,非
> 合法の「闇市」で,食
> 料を手に入れた。

(2) GHQによる占領政策

アメリカ軍を主力とする連合国軍が日本を占領。

…日本の非軍事化と民主化(戦後改革)を進める。

→ 連合国軍最高司令官総司令部(　　　　　　)の指令で,
日本政府が実施。最高司令官は　　　　　　　　。

非軍事化

◎軍隊を解散,戦争中に重要な地位にいた人を公職から追放。

◎　　　　　　　　　　　　…戦争犯罪人(戦犯)を処罰。
　　　　　⌐東京裁判　　　　　⌐軍や政府の指導者

◎昭和天皇が「人間宣言」を発表。

…天皇が神の子孫であることを否定。

民主化

◎日本の経済を支配してきた　　　　を解体。

◎選挙法の改正…満　　　歳以上の男女に選挙権。

> 女性に参政権が
> 認められたの。

初めてだわ

● ＿＿＿＿＿＿　を実施…小作地を政府が強制的に買い上げ，
小作人に安く売る➡ 多くの自作農が生まれる。

(3)日本国憲法の制定
↳民主化の中心は憲法の改正だった

日本政府はGHQが作成した草案をもとに，
改正案を作成し，帝国議会で審議・修正。

↓

1946年11月3日，　　　　　　　　　　　を公布。
1947年5月3日に施行。↳憲法記念日

▶面積の割合

| 小作地 48.1% | 1930年 | 自作地 51.9% | 農地改革 | 小作地 10.1% | 1950年 | 自作地 89.9% |

| 1930年 | 自作 31.1% | 自小作 42.4% | 小作 26.5% |

農地改革

| 1950年 (農地改革後) | 62.5% | 32.4 | 5.1 |

★ 農地改革による変化

● 基本原理…　　　　　主権，
　　　　　　　　　　の尊重，　　　　　主義。
● 天皇…統治権を失い，国と国民統合の象徴に。
● 国民を代表する国会が国権の最高機関となる。
● 議院内閣制の導入…内閣が国会に責任を負う。

民法…男女平等に基づく新たな家族制度が定められる。
↳日本国憲法の制定に伴い改正された

1947年，　　　　　　　　の制定…民主主義の教育の基本を示す。

ゴロ
19 46
とくによろしい
日本国憲法

教育勅語は
失効した。

憲法の比較
✏〔　〕の中に言葉を入れましょう。

	大日本帝国憲法		日本国憲法
性格	天皇が決める憲法		国民が決める憲法
主権者	〔　　　〕		〔　　　〕
国民の権利	法律の範囲内で，自由や権利を認める		〔　　　　　〕を保障
議会・国会	天皇に協賛する機関		国権の最高機関
内閣	天皇を補佐する		議院内閣制
裁判所	天皇の名において裁判		司法権は独立

日本政府がつくった
改正案は大日本帝国
憲法とほとんど変わ
らなかったから，
GHQが代案を示した
のさ。

マッカーサー

43 冷戦の始まり

(1)国際連合の設立

第二次世界大戦中, 連合国は国際連合憲章を定める。

↓

1945年10月, 　　　　　　　　　　　　が発足。

…二度の世界大戦への反省からつくられる。

…国際社会の平和と安全を維持する機関として安全保障理事
会を設置。

→ 常任理事国は, アメリカ・イギリス・フランス・ソ連・中国。

戦争を防ぐための新たな国際組織が必要だと考えたため。

重要な議題は, 5か国のうち, 一国でも反対すると議決できないのだ(拒否権)。

(2)冷戦の始まり

└ 国際協調は長く続かなかった

戦後, ソ連が東ヨーロッパ諸国を支配したのに対抗し,
アメリカが西ヨーロッパ諸国を支援。

↓

世界は, アメリカを中心とする資本主義の西側と,
ソ連が率いる共産(社会)主義の東側の2つの陣営に分裂

… 　　　　　　　　　　　　　　　　　　の始まり。

└ 両陣営は直接戦争はしないものの, 厳しい対立を続けたためこう呼ぶ

1949年, ドイツが東西に分かれて独立。

→ 資本主義国の西ドイツと, 共産(社会)主義国の東ドイツ。

└ ドイツ連邦共和国　　　　　　　　└ ドイツ民主共和国

戦後, ドイツは西側をアメリカ・イギリス・フランスに, 東側をソ連に占領されていた。

軍事同盟

●1949年, アメリカは

　　　(NATO)を結成。

【対立】

●1955年, ソ連は

　　　　　　　　　　を結成。

★冷戦下のドイツとベルリン

1961年, 東ドイツは, 西ドイツの飛び地であった西ベルリンを取り囲む, ベルリンの壁を築いた。

102

(3)朝鮮半島と中国の動き

朝鮮半島

1948年，冷戦を背景に，2つの国家が誕生。

● 南側…戦後，アメリカが占領

→ ＿＿＿＿＿＿＿＿＿＿ が成立。

北緯38度線を境とした。

● 北側…戦後，ソ連が占領。

→ ＿＿＿＿＿＿＿＿＿＿＿＿＿＿＿ が成立。

1950年， ＿＿＿＿＿＿＿ が始まる。

→ 韓国をアメリカなどの国連軍，北朝鮮を中国の義勇軍が支援。

北朝鮮

韓国

ゴロ

1950
行く号令出た
朝鮮戦争

1953年，休戦協定が結ばれる。

以後も南北の対立は続き，現在もまだ終戦していない

中国

日本の敗戦後，アメリカが支援する国民党と
ソ連が支援する共産党の間で内戦が再発。

共産党が勝利し，1949年， ＿＿＿＿＿＿＿＿＿＿＿＿ が成立。

…主席は毛沢東。
マオツォトン

→ 蒋介石が率いる国民党は台湾に逃れる。
チャンチェシー

(4)植民地支配の終わり

アジア・アフリカ

第二次世界大戦後，植民地支配を受けていた多くの国が独立。

→ 冷戦からの中立を求める動き（非同盟主義）が生まれる。

1960年，アフリカで17か国が独立，「アフリカの年」と呼ばれる。

＿＿＿＿＿＿＿ が残される。

…発展途上国と先進工業国との経済格差の問題。

飢餓や紛争に苦しむ国も多い

発展途上国が地球の南側に多く，先進工業国が地球の北側に多いことからこう呼ばれる。

44 独立の回復と冷戦下の世界

(1)占領政策の転換と独立の回復

占領政策の転換…非軍事化・民主化より経済復興を重視へ。

> **なぜ?**
> 冷戦が激しくなるとアメリカは,日本を西側陣営の強力な一員にしようと考えたため。

朝鮮戦争中の日本

- ◎ GHQの指令で,警察予備隊を設置。
  - → 1954年に　　　　　　　となる。
- ◎ アメリカ軍向けに大量の軍需物資を生産。
  - → 　　　　　　　(朝鮮特需)を迎え,戦後復興が早まる。

> **なぜ?**
> 在日アメリカ軍が出兵したあとの,国内の治安維持のため。

1951年,吉田茂内閣は,アメリカなど48か国と,

　　　　　　　　　　　　　　　　　　を結ぶ。

> **ゴロ**
> 1 9 5 1
> 行くよ来いよと
> 講和の会議

- → 翌年,日本は独立を回復。
  - ↳ 条約が発効
- → 沖縄・奄美群島・小笠原諸島は引き続きアメリカの統治
  下に。　↳ 1953年に返還　↳ 1968年に返還

★ サンフランシスコ平和条約に調印する吉田茂首相

(Mary Evans/PPS 通信社)

同時に,　　　　　　　　　　　　　　　　　　　　を結ぶ。
- → アメリカ軍基地は,引き続き日本国内に残された。
  - ↳ 日本の安全と東アジアの平和を守るという理由から

(2)55年体制と安保闘争

1954年,アメリカの水爆実験で日本の漁船第五福竜丸が被ばく。
- → 原水爆禁止運動が全国に広がる。　↳ 放射線を出す「死の灰」を浴びる

> 冷戦中,アメリカとソ連は激しい核兵器開発競争を展開していた。

1955年,　　　　　　　　　　が始まる。
- …自由民主党(自民党)が,野党第一党の社会党と対立しながら
  - ↳ 保守勢力,アメリカを支持　　　　　↳ 革新勢力,アメリカを批判

38年間,政権をとり続ける。

↓

1960年,日米安保条約の改定をめぐり,対立は頂点に。
- → 岸信介内閣は条約に調印,衆議院で批准を強行採決。
- → 激しい反対運動(　　　　　　　)が起こる。
  - ↳ 日本がアメリカの軍事行動に巻き込まれる危険があると訴えた

(3)緊張緩和の進展

● アジア・アフリカの国々の動き

1955年,　

　　…植民地支配から独立した29か国が参加。

　　→ 冷戦を続ける東西両陣営に対して,中立の立場から植民

　　　地支配の反対,冷戦下の緊張緩和・平和共存を訴える。

> インドネシアの
> バンドンで開か
> れる。

● キューバ危機(1962年)

ソ連によるキューバでのミサイル基地建設に対抗し,

アメリカが海上封鎖。

　　→ 米ソ間で,核兵器による全面戦争の危機が高まる。

　　　　↓

ソ連がアメリカの要求を受け入れ,ミサイルを撤去。

　　→ 以後,緊張緩和が進む。

> 冷戦中は,キューバ危
> 機のような核戦争が起
> こる危険をはらんだ局
> 面が何度もあったん
> だ。

●　

中国とソ連が支援する北ベトナムや南ベトナム解放民族戦

線と,南ベトナム政府を支援するアメリカが戦う。

　　　　↓

1965年,激化。

　　…アメリカが北ベトナムへの爆撃と軍の派遣を行う。

　　　　→ 世界各地で反戦運動が高まる。

1973年,アメリカは撤兵。

1976年,南北統一…ベトナム社会主義共和国が成立。

　　　　↓

緊張緩和はアジアにも広がる。

● 西ヨーロッパ諸国

経済統合を進め,アメリカやソ連中心の国際社会で

発言力を高めることを目指す。

1967年,ヨーロッパ共同体(EC)を設立。

　　→ 東ヨーロッパ諸国との関係を改善していく。

45 日本の高度経済成長

(1)日本の外交関係の広がりと沖縄復帰

1956年，＿＿＿＿＿＿＿＿＿＿…日本とソ連の国交が回復。

→ 北方領土問題は未解決。

└ソ連がすべての北方領土の返還に応じなかった

同年，ソ連の支持も受けて，日本は国際連合に加盟。

→ 国際社会に復帰。

それまでのソ連は，日本の国際連合への加盟を拒否していた。

ゴロ

国連加盟
１９５６
行くころだ

今日は国連!!

1965年，＿＿＿＿＿＿＿＿…日本と韓国の国交が正常化。

→ 日本は，韓国政府を朝鮮半島唯一の政府として承認。

1972年，＿＿＿＿＿＿＿…日本と中国の国交が正常化。

→ 1978年，＿＿＿＿＿＿＿＿＿…友好を深める。

ゴロ

Go!!

１９７２
行くなら二人で中国へ

1972年，沖縄の日本復帰が実現。

→ 復帰の過程で，＿＿＿＿＿＿＿が国の方針に。

…核兵器を「持たず，つくらず，持ち込ませず」

↓

沖縄のアメリカ軍基地は残される。

→ 事故・公害・犯罪などが問題に。

米軍基地→

OKINAWA

おかえり!

(2)高度経済成長と社会問題の発生

日本の経済は1950年代半ばに戦前の水準を回復し，

＿＿＿＿＿＿＿＿＿＿＿が始まる。

★ 高度経済成長
1950年代半ばから1970年代初めまで続いた日本経済の急成長。

1960年，池田勇人内閣…「所得倍増」政策をかかげ，

経済成長を積極的に進める。

→ 技術革新が進み，重化学工業が産業の主軸に…鉄鋼や造船。

→ エネルギー資源は，石炭から石油に変化。

…太平洋や瀬戸内海の沿岸に製鉄所や石油化学コンビナート。

1968年，日本の国民総生産(GNP)は資本主義国の中で2位に。

└1位はアメリカ

いっぽうで，高度経済成長によりさまざまな社会問題も発生。

なぜ？

生産や経済面での利益を最優先して，人々の健康や自然に対する配慮が欠けたため。

◎ 過疎化…農村で人口の流出が進む。

◎ 過密…都市で人口が集中。交通渋滞・住宅不足・ごみ問題。

◎ ＿＿＿＿＿＿＿問題の深刻化。
　　　↳ 工場から出る廃液や排ガスによる

四大公害裁判
（新潟水俣病・四日市ぜんそく・
イタイイタイ病・水俣病）
…いずれも,被害者側が公害を
発生させた企業に勝訴。

政府の対応
1967年,公害対策基本法を制定。
1971年,環境庁(現在の環境省)を設置。

新潟水俣病
阿賀野川下流域

イタイイタイ病
神通川下流域

水俣病
八代海(水俣湾)沿岸

四日市ぜんそく
三重県四日市市

★公害病の発生地

(3)国民の暮らしの変化
　　　　　　　　　　　　　　　　　　★戦後の日本の文化

高度経済成長によっ
て国民の暮らしは便
利で豊かになった。

→ 家庭電化製品
　が普及。
　…テレビ・洗濯
　機・冷蔵庫
　↳「三種の神器」

→ 自動車が普及。

戦後復興期	◎言論の自由が回復→新聞や雑誌が復刊・創刊。
	◎黒澤明…映画監督,世界で高い評価。
	◎湯川秀樹…日本人初のノーベル賞(物理学賞)を受賞。
高度経済成長期	◎テレビが急速に普及(1953年放送開始) →コマーシャルが人々の購買意欲をかき立て 「大量生産・大量消費」の社会に。
	◎漫画・アニメ・文学の発展 →手塚治虫…漫画家,国産アニメも制作。 →川端康成…ノーベル賞(文学賞)を受賞。

1964年,　　　　　　　　　　　　　　が開かれる。

ゴロ

1 9 6 4
一苦労して
オリンピック開く

→ 合わせて,各地に高速道路が整備,東海道新幹線が開通。

1973年,　　　　　　　　　　　　　　が起こる。

→ 先進工業国の経済は深刻な不況に。

→ 日本では高度経済成長が終わる。

なぜ?
第四次中東戦争が起
こって,石油価格が
大幅に上昇したから。

46 新しい時代の日本と世界

(1)冷戦の終結

1980年代,東ヨーロッパ諸国でソ連からの自立の動き。

→ 民主化運動が高まる。共産党政権が次々とたおれる。

1989年11月, ベルリンの壁が崩壊
 └ 東西冷戦の象徴

1989年12月,米ソの首脳が ＿＿＿＿＿＿＿＿ を宣言。
 └ 地中海のマルタ島で会談(マルタ会談)

1990年,東西＿＿＿＿＿＿＿が統一。

1991年,ソ連が解体…ロシア連邦など各共和国が独立。

冷戦でいがみ合うのはもうやめだ！

アメリカ　マルタ会談　ソ連

(2)国際協調の動き

1975年,＿＿＿＿＿＿＿＿＿＿＿＿＿＿＿が始まる。

…国際的な重要問題を話し合う会議。
 └ 第一回の参加国は,アメリカ・イギリス・フランス・西ドイツ・イタリア・日本

→ 2008年より,経済成長が著しい中国やインドなどが加

わった会議(G20)も開催。

石油危機のあとの世界経済を話し合うために開かれたのが最初。

地域統合

1989年,アジア太平洋経済協力会議(APEC)が発足。

…アジア諸国と太平洋に面する国々の地域協力を目指す。

1993年,ECが＿＿＿＿＿＿＿＿＿に発展。

→ ユーロ導入。やがて東ヨーロッパにも拡大。

(3)相次ぐ地域紛争

民族・宗教・文化の違いや国家間の対立から,

各地で＿＿＿＿＿＿が起こっている。

…核兵器などの大量破壊兵器の拡散,

一般市民を巻き込むテロリズムも発生。

◎1991年,湾岸戦争…イラクによるクウェート侵攻がきっかけ。
└ アメリカを中心とする多国籍軍が派遣される

◎2001年,アメリカで　　　　　　　　　　　　が発生。
→ アメリカがアフガニスタンを攻撃。

ゴロ
不幸が多い
同時多発テロ

◎2003年,イラク戦争…イラクをアメリカなどが攻撃。

地域紛争の解決のために
…国連の　　　　　　　　　　　　(PKO)が大きな役割を担う。
民間の　　　　　　　　　　　　(NGO)も活躍。

(4)冷戦後の日本

●世界平和の面での国際貢献
1992年,国連の平和維持活動(PKO)に初めて自衛隊を派遣。
└ 国際平和協力法(PKO協力法)を成立させた

●55年体制の終わり…1993年,非自民連立内閣が成立。
→ その後,自民党を中心とする連立政権に。-------

2009年に民主党が第一党となる政権交代が起こるが,2012年には自民党による連立政権に戻った。

●経済の動き
1980年代後半,　　　　　　　　と呼ばれる好景気が発生。
→ 1991年に崩壊し,平成不況に。
2008年,世界金融危機の深刻化で,日本も不況に。

株式と土地の価格が異常に高くなる好景気。

●災害の発生
1995年1月17日,　　　　　　　　　　　　が発生。
→ 日本でボランティアの重要性が明らかに。
2011年3月11日,　　　　　　　　　　が発生。
→ 再生可能エネルギーの導入と普及が進められる。
└ 太陽光・風力・地熱など

●これからの日本
グローバル化・情報化・少子高齢化などの課題に取り組みつ
つ,　　　　　　　　な社会の実現が重要な課題に。
→ 2015年の国連サミットでSDGsを採択。

★SDGs
「持続可能な開発目標」の略称。貧困撲滅,男女平等,温暖化対策など,17の目標と169のターゲットを掲げ,2030年までの達成を目指す。

確認テスト⑤

/100

●目標時間：30分　●100点満点　●答えは別冊26ページ

1 20世紀初めのヨーロッパの地図を見て，次の各問いに答えなさい。 <4点×5>

(1) 地図中の①の国々と，②の国々の陣営（じんえい）を何といいますか。それぞれ当てはまる語句を答えなさい。

①三国[　　　　　　] ②三国[　　　　　　]

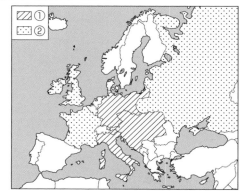

①：斜線
②：点

(2) 地図中の①の国々と②の国々を中心とする勢力の間で，1914年に始まった戦争を何といいますか。

[　　　　　　　　　　　]

(3) (2)の戦争が終わった次の年に，中国と朝鮮（ちょうせん）で起きた民族運動を，それぞれ何といいますか。

中国[　　　　　　　　] 朝鮮[　　　　　　　　　]

2 右の年表を見て，次の各問いに答えなさい。 <4点×13>

(1) 年表中の**A**の時期に民本主義を唱えた人物を，次の**ア**〜**エ**から1人選び，記号で答えなさい。
ア 伊藤博文（いとうひろぶみ） **イ** 桂太郎（かつらたろう）
ウ 吉野作造（よしのさくぞう） **エ** 尾崎行雄（おざきゆきお） [　　　　　]

(2) 年表中の**B**をきっかけに始まった，世界的な経済の混乱を何といいますか。

[　　　　　　　　　　　]

(3) 年表中の**C**の事件で暗殺された首相の名前を答えなさい。 [　　　　　　　　　]

(4) 年表中の**D**に当てはまる事件名を答えなさい。また，この事件を引き起こした人々を，次の**ア**〜**エ**から1つ選び，記号で答えなさい。
ア 農民　**イ** 陸軍青年将校　**ウ** 労働者　**エ** 社会主義者

事件[　　　　　　　] 人々[　　　　　]

年代	できごと
1910年ごろ	大正デモクラシーが起こる…A
1929	ニューヨークで株価が暴落…B
1931	**ア** 柳条湖（りゅうじょうこ）事件が起こる
1932	五・一五（いちご）事件が起こる………C
1934	**イ** 日本がワシントン会議で結んだ軍縮条約を破棄（はき）する
1936	（ **D** ）事件が起こる
	ウ ドイツと協定を結ぶ
1937	**エ** 盧溝橋（ろこうきょう）事件が起こる
1939	第二次世界大戦が始まる……E
1941	日本軍がハワイの（ **F** ）湾（わん）のアメリカ海軍基地を奇襲する
1945	ヤルタ会談が開かれる………G
	①アメリカ軍が日本に上陸する
	②原子爆弾（ばくだん）が投下される

(5) 日中戦争が始まるきっかけとなったできごとを，年表中の**ア～エ**から１つ選び，記号で答えなさい。〔　　　　　〕

(6) 年表中の**E**はドイツがどこの国へ侵攻したことで始まりましたか。国の名前を答えなさい。

〔　　　　　　　　　　〕

(7) 年表中の**F**に当てはまる語句を答えなさい。また，（　**F**　）湾への奇襲をきっかけに始まった戦争を何といいますか。〔　　　　　　　〕湾　戦争〔　　　　　　　〕

重要 (8) 年表中の**G**の年の７月，アメリカなどが日本の無条件降伏などを求める宣言を発表しました。その宣言の名前を答えなさい。

〔　　　　　　　　　　〕宣言

(9) 年表中の①アメリカ軍が上陸した都道府県名，②原子爆弾が投下された２つの都市名をそれぞれ答えなさい。

①〔　　　　　　　〕②〔　　　　　　　〕〔　　　　　　　〕

3 戦後の日本と世界について，次の各問いに答えなさい。 <4点×7>

(1) 第二次世界大戦後，日本占領のために置かれた連合国軍の機関を何といいますか。アルファベットの略称で答えなさい。

〔　　　　　　　　　　〕

(2) 戦後に解体（解散）させられたものとして当てはまらないものを，次の**ア～エ**から１つ選び，記号で答えなさい。

ア 財閥　**イ** 軍隊　**ウ** 政党　**エ** 地主・小作制 〔　　　　　〕

重要 (3) 第二次世界大戦後に始まった，アメリカを中心とする陣営と，ソ連が率いる陣営の厳しい対立を何といいますか。

〔　　　　　　　　　　〕

(4) ①1951年に日本と連合国の間で結ばれた条約を何といいますか。②また，この条約と同じ日に，日本がアメリカ合衆国と結んだ条約を何といいますか。

①〔　　　　　　　〕②〔　　　　　　　〕

(5) 1950年代半ばから1970年代初めまで続いた，日本経済のめざましい成長を何といいますか。

〔　　　　　　　　　　〕

(6) 敗戦後，(3)の対立の影響で分裂して独立し，1990年に統一したのは何という国ですか。国の名前を答えなさい。

〔　　　　　　　　　　〕

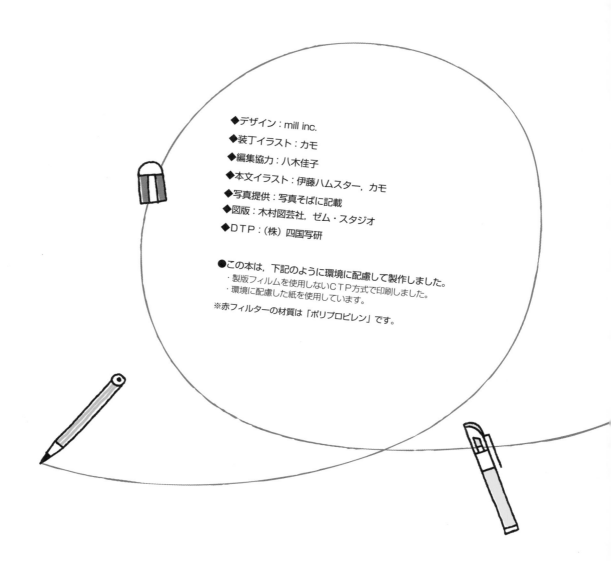

◆デザイン：mill inc.
◆装丁イラスト：カモ
◆編集協力：八木佳子
◆本文イラスト：伊藤ハムスター，カモ
◆写真提供：写真そばに記載
◆図版：木村図芸社，ゼム・スタジオ
◆DTP：(株)四国写研

●この本は，下記のように環境に配慮して製作しました。
　・製版フィルムを使用しないCTP方式で印刷しました。
　・環境に配慮した紙を使用しています。
※赤フィルターの材質は「ポリプロピレン」です。

テスト前に
まとめるノート改訂版
中学歴史

別冊解答

テスト前に
まとめるノート
中学歴史

本冊のノートの
答え合わせに

使い方
1

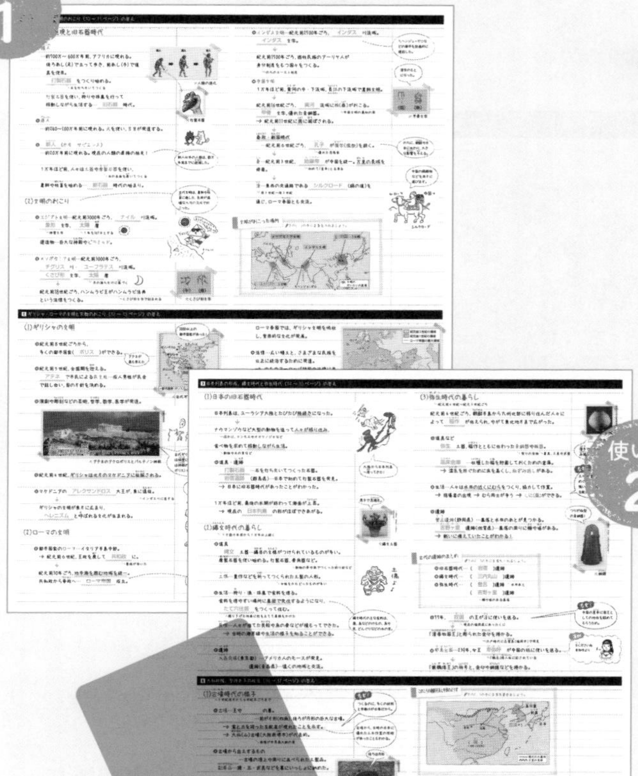

ノートページの答え
▶ 2〜24 ページ

確認テスト ❶〜❺ の答え
▶ 25〜26 ページ

使い方
2

付属の赤フィルターで
消して，暗記もできる！

(1)人類の出現と旧石器時代

◆猿人
…約700万～600万年前，アフリカに現れる。
後ろあし（足）で立って歩き，前あし（手）で道具を使用。
<u>打製石器</u>をつくり始める。
　└石を打ち欠いてつくる

打製石器を使い，狩りや採集を行って
移動しながら生活する…<u>旧石器</u>時代

◆原人
…約240～200万年前に現れる。火を使い，言葉が発達する。

◆新人（ホモ・サピエンス）
…約20万年前に現れる。現在の人類の直接の祖先！

1万年ほど前，人々は土器や磨製石器を使い，
　　　　　　　　　　└石の表面を磨いてつくる
農耕や牧畜を始める…<u>新石器</u>時代の始まり。

★人類の進化

打製石器
★打製石器

新人以外の人類は，数万年前までに絶滅した。

(2)文明のおこり

◆エジプト文明…紀元前3000年ごろ，<u>ナイル</u>川流域。
<u>象形</u>文字，<u>太陽</u>暦。
　└神聖文字　　└1年を365日とする
建造物…巨大な神殿やピラミッド。

◆メソポタミア文明…紀元前3000年ごろ，
<u>チグリス</u>川・<u>ユーフラテス</u>川流域。
<u>くさび形</u>文字，<u>太陰</u>暦。
　　　　　　　　└月の満ち欠けに基づく
紀元前18世紀ごろ，ハンムラビ王がハンムラビ法典
という法律をつくる。
　　　　　└くさび形文字で刻まれる

古代文明は，農耕や牧畜に適した，気候が温暖な大河の流域で起こった。

沙 碗
(牛)　(魚)
★くさび形文字

◆インダス文明…紀元前2500年ごろ，<u>インダス</u>川流域。
<u>インダス</u>文字。

紀元前1500年ごろ，遊牧民族のアーリヤ人が
身分制度をもつ国々をつくる。
　└のちのカースト制度

◆中国文明
1万年ほど前，黄河の中・下流域，長江の下流域で農耕文明。

紀元前16世紀ごろ，<u>黄河</u>流域に殷（商）がおこる。
<u>甲骨</u>文字，優れた青銅器。
　　　　　　　　　　└中国文明の最初の国
→ 紀元前11世紀に周に滅ぼされる。

春秋・戦国時代
…紀元前6世紀ごろ，<u>孔子</u>が儒学（儒教）を説く。
　　　　　　　　　　　　└優れた思想家

秦…紀元前3世紀，<u>始皇帝</u>が中国を統一。万里の長城を
修築。
　└初めて「皇帝」と名乗る

漢…東西の交通路である<u>シルクロード</u>（絹の道）を
通じ，ローマ帝国とも交流。
　└前3世紀～後3世紀

モヘンジョダロなどの都市を計画的に建設した。

漢字のもとになった。

雨 魚
(雨)　(魚)
★甲骨文字

中国の絹織物などを西方に運びます。

シルクロード

文明がおこった場所
▶下の（ ）の中に言葉を入れましょう。

メソポタミア文明
バビロン
インダス文明
[中国]文明
[エジプト]文明
モヘンジョ=ダロ
文明のだいたいの範囲

---

(1)ギリシャの文明

◆紀元前8世紀ごろから，
多くの都市国家（<u>ポリス</u>）ができる。

◆紀元前5世紀，全盛期を迎える。
<u>アテネ</u>で市民による<u>民主政</u>…成人男性が民会
で話し合い，国の方針を決める。

◆演劇や彫刻などの芸術，哲学，数学，医学が発達。

1000以上の都市国家があった！

オリンポス山　トロヤ
ギリシャ　マラトン
アテネ
オリンピア　スパルタ
クレタ島
●都市国家（ポリス）
★古代ギリシャの都市国家

アテネが最も栄えた。

★アテネのアクロポリスとパルテノン神殿

古代ギリシャの都市国家は城壁に囲まれ，中心には神殿のある丘（アクロポリス）があった。

◆紀元前4世紀，ギリシャは北方のマケドニアに征服される。

◆マケドニアの<u>アレクサンドロス</u>大王が，東に遠征。
　　　　　　　　　　　　　　　　　　　└インダス川に達する
ギリシャの文明が東方に広まり，
<u>ヘレニズム</u>と呼ばれる文化が生まれる。

ミロのビーナスはヘレニズムを代表する彫刻よ。

(2)ローマの文明

◆都市国家のローマ…イタリア半島中部。
→ 紀元前6世紀，王政を廃して<u>共和政</u>に。
　　　　　　　　　　　　　　└貴族が率いた

紀元前30年ごろ，地中海を囲む地域を統一。
共和政から帝政へ…<u>ローマ帝国</u>成立。

皇帝が統治する国。

ローマ帝国では，ギリシャ文明を吸収
し，実用的な文化が発展。

◆法律…広い領土と，さまざまな民族を
公正に統治するために発展。
→ のちのヨーロッパ諸国の法律に受け継がれる。

◆建造物…各地に水道，浴場，
<u>コロッセオ</u>（闘技場）などの施設。
　　　　　　　└剣闘士などの戦いが行われた

紀元前3世紀の領土
紀元後1世紀の領土
ローマ帝国の最大
ロンディニウム（ロンドン）
ルテティア（パリ）
ローマ
アテネ
エルサレム
アレクサンドリア
★ローマ帝国の支配

★コロッセオ

約5万人を収容できる。

(3)宗教のおこり

太陽・月の動きや天気の変化など，自然のはたらきを恐れ，
敬う中で，人々の間に神への信仰が生まれた。

人間の力を超えるものを感じたから。

◆仏教…紀元前5世紀ごろ，インドで<u>シャカ（釈迦）</u>が開く。
　　　　　└紀元前6世紀ごろという説もある
→ 東南アジアや中国，朝鮮，日本に伝わる。
→ それぞれの地域で独自に発達。

◆キリスト教…紀元前後，古くからユダヤ教が信仰されていた
パレスチナ地方で<u>イエス</u>が開く。
　└西アジア
→ 弟子たちが教えを『聖書（新約聖書）』にまとめた
→ ヨーロッパの人々の精神的な支えとして発展。
　　└4世紀にはローマ帝国の宗教になる

「仏教」「キリスト教」「イスラム教」は，世界の三大宗教といわれる。

◆イスラム教…7世紀初め，アラビア半島で<u>ムハンマド</u>が
開く。
『コーラン』…聖典。信者の生活や政治，経済活動を
定める法の役割も果たす。
→ 西アジアや北アフリカ，東南アジアへ広まる。

教えの基本は，唯一神アラー（アッラー）に従う。神の像を描いたり拝んだりしてはならない，など。

(1)日本の旧石器時代

日本列島は，ユーラシア大陸とたびたび陸続きになった。

ナウマンゾウなど大型の動物を追って人々が移り住み，
ほかに，マンモスやオオツノジカなど
食べ物を求めて移動しながら生活。

大陸から日本列島へ渡ってきた！

◉ 道具・遺跡
　打製石器 …石を打ち欠いてつくった石器。
　岩宿遺跡 （群馬県）…日本で初めて打製石器を発見。
　→ 日本に旧石器時代があったことがわかった。

1万年ほど前，最後の氷期が終わって海面が上昇。
　→ 現在の 日本列島 の形がほぼできあがる。

(2)縄文時代の暮らし
1万数千年前から1万年以上続く

◉ 道具
　縄文 土器…縄目の文様がつけられているものが多い。
　磨製石器を使い始める。打製石器，骨角器など。
　動物の骨や角でつくった釣り針など
　土偶…豊作などを祈ってつくられた土製の人形。
　人体をかたどったものが多い

★ 縄文土器

◉ 生活…狩り・漁・採集で食料を得る。
　食料を得やすい場所で定住するようになり，
　たて穴住居 をつくって住む。
　掘り下げた地面に柱を立てて屋根をかけた
　貝塚…人々が捨てた貝殻や魚の骨などが積もってできた。
　→ 当時の海岸線や生活の様子を知ることができる。

土偶よ♪

縄文時代の主な食料は，鹿，鳥などのけもの，魚や貝，どんぐりなどの木の実。

◉ 遺跡
　大森貝塚（東京都）…アメリカ人のモースが発見。
　三内丸山 遺跡（青森県）…遠くの地域と交流。

(3)弥生時代の暮らし
紀元前4世紀ごろ〜紀元3世紀ごろ

紀元前4世紀ごろ，朝鮮半島から九州北部に移り住んだ人々によって 稲作 が伝えられ，やがて東北地方まで広がった。

★ 弥生土器

◉ 道具など
　弥生 土器，稲作とともに伝わった青銅器や鉄器
　　　　　　　祭りの宝物　　農具，工具や武器
薄手でかため。赤褐色。

　高床倉庫 …収穫した稲を貯蔵しておくための倉庫。
　→ 湿気を防ぐために床を高くし，ねずみ返しがある。

なぜ？
土地や蓄えた食料をめぐって争いが起こり，強いむらが弱いむらを支配したため。

◉ 生活…人々は水田の近くにむらをつくり，協力して作業。
　→ 指導者の出現 → むら同士が争う → くに（国）ができる。

◉ 遺跡
　登呂遺跡（静岡県）…集落と水田のあとが見つかる。
　吉野ヶ里 遺跡（佐賀県）…集落の周りに柵や堀がある。
　→ 戦いに備えていたことがわかる！

つりがね型の青銅器！

★ 銅鐸

古代の遺跡のまとめ
下の〔 〕の中に言葉を入れましょう。

◉ 旧石器時代…〔 岩宿 〕遺跡
◉ 縄文時代…〔 三内丸山 〕遺跡
◉ 弥生時代…〔 登呂 〕遺跡　水田あと
　　　　　　〔 吉野ヶ里 〕遺跡
　　　　　　柵や堀のある集落

なぜ？
中国の皇帝に国王としての地位を認めてもらうため。

◉ 57年， 奴国 の王が漢に使いを送る。
　　　　　現在の福岡県にあったくに
　「漢委奴国王」と彫られた金印を授かる。
　　　　　　江戸時代に志賀島（福岡市）で発見

◉ 邪馬台国…239年，女王 卑弥呼 が中国の魏に使いを送る。
　　　　　　「魏志」倭人伝に記されている
　「親魏倭王」の称号と，金印や銅鏡などを授かる。

ゴロ
　女くださいね
　卑弥呼より

1)古墳時代の様子
3世紀後半から6世紀ごろまで

◉ 古墳…王や 豪族 の墓。
　前方後円墳 …前が方形（四角），後ろが円形の巨大な古墳。
　富と力を持った支配者が現れたことを示す。
　→ 大仙（山）古墳（大阪府堺市）が代表的。
　面積が世界最大級の墓

なぜ？
つくるのに，多くの材料と労働力が必要だから。

古墳から，当時の日本に優れた土木作業の技術があったこともわかる。

◉ 古墳から出土するもの
　埴輪 …古墳の頂上や周りに並べられた土製品。
　副葬品…鏡・玉・武具などを墓にいっしょに納めた。

後ろは円形

★ 大仙（山）古墳

前は方形

2)大和政権（ヤマト王権）

3世紀後半，奈良盆地を中心とする地域で，豪族たちが連合して 大和政権（ヤマト王権） をつくる。

5世紀には，九州地方から東北地方南部までの豪族を支配し，
前方後円墳の分布などからわかる
王は 大王 と呼ばれるようになった。

土偶と呼ぶなよ。

武人埴輪

◉ 渡来人 …朝鮮半島から日本列島に移り住んだ人々。
　→ 漢字や儒学， 仏教 ，須恵器，土木技術などをもたらす。
　百済から公式に伝わる　　　高温で焼く，これまでよりじょうぶな土器
　→ 大和政権で，書類作成や財政管理などを担当。

3)中国・朝鮮半島の動き

◉ 中国…漢 → 三国時代 → 晋 → 南北朝時代へ
　→ 589年， 隋 が南北朝を統一。

◉ 朝鮮半島…高句麗・新羅・ 百済 が勢力を争う。

　→ 大和政権は，加耶地域（任那）の国々とつながりを強め，
　　4世紀末には，百済に協力して高句麗や新羅と戦う。

このころの朝鮮半島と中国のようす
下の〔 〕の中に言葉を書きましょう。

［地図：高句麗，新羅，百済，隋（589〜618年），日本］
隋代の大運河　万里の長城

(4)聖徳太子（厩戸皇子）の政治

593年， 聖徳太子（厩戸皇子） がおばの推古天皇の摂政になる。
　→ 蘇我馬子と協力して，天皇中心の国づくりを進めた。

ゴロ
　国民歓迎
　太子の政治

◉ 冠位十二階 の制度…家柄によらず才能や功績のある人を役人に取り立てた。

◉ 十七条の憲法 …役人の心構えを示した。

内容…和を大切にして争いをやめること，仏教を信仰すること，天皇の命令には必ず従うことなど。

◉ 遣隋使の派遣…隋の進んだ制度・文化を取り入れるため。
　→ 607年， 小野妹子 らを派遣する。

ゴロ
　群れなしてわたる
　遣隋使

(5)飛鳥文化

推古天皇のころ，飛鳥地方（奈良県）を中心に栄えた，日本で最初の 仏教 文化。

◉ 法隆寺 （奈良県）…現存する世界最古の木造建築。
　聖徳太子が建てたと伝えられる

★ 法隆寺

◉ 仏像…釈迦三尊像（法隆寺）。
◉ 工芸…玉虫厨子（法隆寺）。

(1)律令国家への歩み

645年，中大兄皇子と中臣鎌足（のちの藤原鎌足）らが，
蘇我氏をたおして政治改革を始める。

→ <u>大化の改新</u> の始まり。

この年，日本で最初の元号とされる「大化」が定められた

強い中央集権国家をつくるため，聖徳太子の死後，権力を独占していた蘇我氏をたおした。

ゴロ
蘇我氏殺す
大化の改新

◉ <u>公地・公民</u> …それまで豪族が支配していた
土地と人々を，国家が直接支配する方針を示す。

◉ <u>白村江の戦い</u> …663年，百済を助けるため，唐と新羅の
連合軍と戦い，大敗。
唐と新羅に滅ぼされていた

このあと，唐や新羅の侵攻にそなえ，西日本の各地に山城を築いた。

中大兄皇子が即位して <u>天智天皇</u> に。

→ 初めて全国の戸籍をつくるなど，国内の政治改革を進めた。

672年，<u>壬申の乱</u> …天智天皇のあと継ぎをめぐる戦い。

大海人皇子が勝ち，即位して <u>天武天皇</u> となる。
天智天皇の弟

→ 天皇の死後，皇后が持統天皇となり，政策を引き継ぐ。
律令の作成，藤原京（ふじわらきょう）の完成など

天智天皇　大海人皇子

勝ち←壬申の乱→負け
大友皇子

701年，唐の律令にならった <u>大宝律令</u> が完成。

→ 律令に基づく政治を行う，律令国家が成立。

★大宝律令に基づく政治のしくみ

中央		八省	
神祇官	太政官	中務省	…詔の作成など
		式部省	…文官の人事など
	左大臣	治部省	…外交や仏事など
	右大臣	民部省	…戸籍や租税など
		兵部省	…武官の人事など
		刑部省	…裁判や刑罰など
		大蔵省	…財政など
		宮内省	…宮中の事務など

地方
大宰府…九州の政治，外交・防衛
国…一国一人（一部郡一部一里（里長）

(2)奈良時代の始まり

奈良に都が置かれた約80年間

710年，奈良に <u>平城京</u> がつくられる。
…唐の都長安にならってつくられた。
618年に隋が隋を滅ぼして中国を統一

→ 都の東西に市…各地から送られてきた産物などを売買。
…和同開珎などの貨幣が使われた。
唐にならって発行

日本で最初の銅の貨幣は，天武天皇のころつくられた富本銭。

(3)律令国家での人々の暮らし

◉ <u>班田収授法</u> …戸籍に基づき，6歳以上の男女に <u>口分田</u> を
与え，死ぬと国に返させる土地制度。

→ 口分田を与えられた人には，税が課せられた。

農民の負担
`下の（ ）の中に言葉を入れましょう。`

税	〔 租 〕…口分田の収穫量の約3％の稲を納める。
	調…絹・糸や地方の特産物を納める。
	庸…労役の代わりに布を納める。

成年男子に課せられた

労役　雑徭…年間60日を限度として，労役を課す。

兵役　衛士…1年間，都の警護をする。
防人…3年間，九州北部の警護をする。

租=稲
調=特産物
庸=布

調を都に運ぶときや，衛士や防人の往復での交通費や食料は自己負担だった。

(4)公地・公民の原則の崩れ

重い負担から逃れるため，口分田を捨てて逃亡する者が現れた。
また，人口が増え，自然災害も起こり，口分田が不足してきた。

<u>墾田永年私財法</u> を制定。開墾した土地の永久私有を認める。
743年

貴族や大寺院，郡司などは開墾に力を入れ，私有地を増やす。
現地農民を使った

公地・公民の原則が崩れ始めた。

→ 私有地は，やがて <u>荘園</u> と呼ばれるようになった。

大宰府…奈良時代の役所
太宰府…今の太宰府市
点に注意！

人々に開墾をすすめて，口分田を増やそうとするから。

ゴロ
永久の 私有に貴族
すぐなじみ 地

---

(1)大陸との交流

◉遣唐使…唐（中国）の進んだ制度や文化を学ぶために派遣された。

→ 留学生や僧も同行。

◉阿倍仲麻呂…唐に留学し，皇帝に仕えた。

→ 遭難して帰国できず，唐で一生を終えた。

◉ <u>鑑真</u> …唐の高僧。遣唐使に伴われて来日。
日本に正式な仏教の教えを伝える。
のちに唐招提寺を開く。

鑑真です。
何度も航海に失敗して，失明しながらも来日しました。

(2)聖武天皇の政治

奈良時代の半ば，貴族の権力争い，伝染病の流行，ききんなどで，社会不安が広がっていた。

<u>聖武天皇</u> と光明皇后は，唐の皇帝にならい，
仏教の力によって国家を守ろうと考えた。

◉国ごとに国分寺・国分尼寺を建てた。

◉都に <u>東大寺</u> を建てて，金銅の大仏をまつった。
→ <u>国家を上げての一大事業！</u>

◉民衆に仏教を広めていた <u>行基</u> が大仏の造立に協力。
橋や用水路をつくり，民衆から信頼されていた

鑑真の来日は，大仏完成の翌年（753年）。

★東大寺の大仏

(3)天平文化

聖武天皇の時期に栄えた文化。
仏教や唐の影響を強く受けた，国際色豊かな文化。
遣唐使を通じてもたらされた

◉建造物
東大寺（奈良県）
→ 校倉造で建てられた宝物庫の <u>正倉院</u>
…聖武天皇が使った品々などの宝物が納められていた。

唐招提寺（奈良県）…鑑真が開く。

◉工芸（正倉院の宝物）
螺鈿紫檀五絃琵琶…インドが起源といわれる。

瑠璃杯…西アジアでつくられたと考えられているガラスのコップ。

→ シルクロードを通ってインドや西アジアから唐に伝わり，
それを遣唐使が持ち帰ったとみられるものが多い。

◉彫刻　阿修羅像…興福寺（奈良県）

◉絵画　「鳥毛立女屏風」（正倉院）

◉文学
歴史書『古事記』…712年にまとめられた。
『日本書紀』…720年に完成した。

地理書『風土記』…天皇の命令でつくられた。
→国ごとに土地の名前の由来，産物や伝承などをまとめた。

和歌集『 <u>万葉集</u> 』…約4500首が収められている。
大伴家持（おおとものやかもち）がまとめたとされる

→漢字だけで日本語の音を表す万葉仮名を用いている。
柿本人麻呂や山上憶良などの歌人，天皇や貴族，
農民や防人などが作った和歌が収められている。

校倉造…三角形の木材を組み合わせて積み上げ，壁にした建築様式のこと。

★螺鈿紫檀五絃琵琶

★瑠璃杯

『日本書紀』を『日本書記』と書きまちがえないように注意！

山上憶良は「貧窮問答歌」で，農民の苦しい生活を詠んだよ！

(1)平安時代の始まり

794年，桓武天皇が都を **平安京** に移す。
→ 仏教勢力から離れ，律令政治の立て直しをはかった！

ゴロ　ホケキョウ
鳴くようぐいす　平安京

支配の拡大…坂上田村麻呂を **征夷大将軍** に任命し，東北地方へ派遣。
→ 朝廷の支配に従わない人々（蝦夷）を攻めた。

仏教の新しい動き…山奥の寺での学問や厳しい修行を重視。
◉空海… **真言宗** を開く。
　高野山（和歌山県）に金剛峯寺を建てる。

◉最澄… **天台宗** を開く。
　比叡山（滋賀県・京都府）に延暦寺を建てる。

真言パックの天才！（真言宗（空海）天台宗（最澄））

空海と最澄は，唐に渡って新しい仏教を学んだ。宗派と寺院を区別できるよう覚えておこう。

2)東アジアの変化

日本は，894年，**菅原道真** の訴えで遣唐使の派遣を停止。

唐の勢力がおとろえ，危険な航海をしてまで派遣する必要はないと訴えた。

◉中国…10世紀初め，唐が滅ぶ → **宋** が中国を統一。

◉朝鮮半島…10世紀初め，高麗がおこる → 新羅を滅ぼす。

ゴロ
道真が白紙に戻す遣唐使

3)貴族の政治

藤原氏による **摂関政治** が行われる。
摂政や関白となって政治を動かす

◉摂政…幼い天皇の代わりに政治を行う職。
◉関白…成人した天皇を補佐する職。
↓
11世紀前半，**藤原道長**・頼通父子のとき最も安定。

地方の政治…国司に任される → 政治が乱れる

娘を天皇のきさきにして，その子を次の天皇に立てて勢力を広げた！

藤原氏の系図
下の（　）に言葉を書きましょう。

藤原鎌足 — 不比等 — 房前・冬嗣
　　　　　　　　　　　光明子 — 良房 — 基経
　　　　　　　　　　　孝謙（称徳）天皇
　　　　　　　　　　　聖武天皇
　　　　　　　　　　　純友（藤原純友の先祖）
全盛期　盛 =（**道長**）— 頼通

大化の改新（鎌足）　大宝律令（不比等）

このせをば　わがせとぞ思ふ　望月の　かけたることも　なしと思へば
満月じゃ!!　道長

(4)国風文化

唐風の文化をもとにしながら，日本の風土・生活や，日本人の感情に合った独自の文化。貴族が生み出した。
→ 貴族は **寝殿造** の邸宅に住んだ。
　服装も唐風から日本風に変化。

◉文学
漢字を変形させて **仮名文字** がつくられる。
→ 女性による優れた文学作品が多く書かれる。
紫式部の『**源氏物語**』，清少納言の『**枕草子**』
（長編小説）　　　　　　　　　　（随筆（エッセイ））
紀貫之らが『古今和歌集』を編集。

物語を大和絵で表す絵巻物もつくられた。

◉美術
大和絵…日本の風物を描いた日本独自の絵画。

◉浄土信仰（浄土の教え）
10世紀半ば，念仏を唱えて，阿弥陀仏にすがり，死後に極楽浄土に生まれ変わることを願う浄土信仰が起こる。
平等院鳳凰堂（京都府）…藤原頼通が建立した阿弥陀堂。
阿弥陀仏の像を納めた建物

このころ，反乱や災害が起こり，社会不安が高まっていた。

---

1)武士のおこり

平安時代の中ごろ，各地で土地をめぐる争いが増加。
↓9〜10世紀
都の武官や地方の豪族が武芸を身につけ，武士と呼ばれるように。
弓矢や乗馬など戦いの技術
→ 朝廷や地方の役人となり，天皇の住まいや朝廷の警備，犯罪の取り締まりを担当。
↓
◉ **武士団** を形成…天皇の子孫の源氏と平氏が有力。

武官は，天皇の住まいの警備に当たった役人。

2)武士の成長

◉武士団を率いての反乱（10世紀中ごろ）
平将門 の乱…北関東で起こる。
藤原純友 の乱…瀬戸内地方で起こる。
→ ほかの武士団によって平定。
→ 朝廷は，武士の力を認めるように。

◉武士どうしの争い（11世紀後半）
前九年 合戦，後三年 合戦…東北地方で起こる。
→ 源義家がしずめ，源氏は東日本に勢力を広げる。
↓
東北地方で，**奥州藤原氏** が勢力を広げる。
◉拠点は平泉（岩手県）。
◉中尊寺金色堂を造営。

平氏は，12世紀前半，西日本に勢力を広げる。

◉地方の武士
…国司が支配する土地（公領）の管理を任される。
…土地（荘園）を開発し，有力な貴族や寺社に寄進（寄付）。
　→ 荘園を支配する権利を認められる。
　　　名目上は貴族や寺社のもの
↓
荘園や公領に館を築き，武士が地方社会の中心に。

有力な貴族や寺社は，税を納めなくてよい権利や，荘園に役人を立ち入らせない権利をもっていたため。

(3)院政と武士

◉11世紀後半，後三条天皇…天皇中心の政治を目指す。
後三条天皇の子
◉1086年，白河天皇…位をゆずり上皇となり，政治を行う。
→ **院政** の始まり。
→ 多くの荘園が院に寄進される。
上皇や上皇の御所を院と呼んだ。

有力な寺社…僧を武装させ（僧兵），勢力拡大。
VS
上皇・貴族…武士を都の警備に当てる。

◉上皇と天皇が対立
→ 1156年，**保元** の乱。
　平清盛や源義朝が味方した後白河天皇が勝利。
→ 1159年，**平治** の乱。平清盛が源義朝に勝利。

後三条天皇は，藤原氏との血縁関係が薄かったので，摂政や関白の力を抑えることができた。

☆保元の乱☆　天皇 VS 上皇　藤原氏

ゴロ
人々苦労　平治の乱

平清盛の権力が強まる

(4)平氏の政治

◉ 平清盛…1167年，武士として初めて太政大臣となる。
→ 一族も朝廷の高い地位に。
→ 多くの荘園と公領を支配。
→ 娘を天皇のきさきとする。
→ **日宋** 貿易を進める…兵庫の港を整備。

平氏一族が朝廷の政治を思い通りに動かす
→ 貴族・寺社・武士の間で不満が高まる。

◉ 源頼朝…伊豆で挙兵。源義経らを派遣。

生まれた子を天皇にし，藤原氏の政治とあまり変わらない。

1185年，源義経が壇ノ浦（山口県）で平氏を滅ぼす。

平氏打倒のため，源氏を中心に各地の武士が挙兵。

(1)鎌倉幕府の始まり

源頼朝
…源平の争乱の中,鎌倉(神奈川県)を拠点に関東地方を支配。

平氏滅亡後(1185年)
…国ごとに **守護**,
荘園や公領ごとに **地頭** を設置。

なぜ?
平氏滅亡後に対立した義経をとらえることを口実に,朝廷に設置を認めさせて,全国に支配を広げる拠点とした!

◉守護
…諸国の御家人の統率・軍事・警察。

◉地頭
…荘園や公領の管理・年貢の取り立て・警察。

源義経をたおし,奥州藤原氏を攻め滅ぼす。
→ 東日本を支配下に。

なぜ?
奥州藤原氏は,義経をかくまったという理由で滅ぼされた。

1192年,源頼朝が **征夷大将軍** に任命される。
全国の武士を使える地位

鎌倉時代の将軍と **御家人**
鎌倉に幕府が置かれた時代　将軍に忠誠をちかった武士
… **御恩** と **奉公** の主従関係。

◉御恩
…将軍が,御家人の領地を保護,
手柄に応じて新たな領地を与えること。

◉奉公
…御家人が,京都や鎌倉を警備,
戦いでは命をかけて戦うこと。

→ 土地を仲立ちとして主従関係を結んだ(封建制度)。

頼朝が開いた,本格的な武士の政権を鎌倉幕府という。

鎌倉幕府のしくみ
（（ ）の中に言葉を入れましょう。）

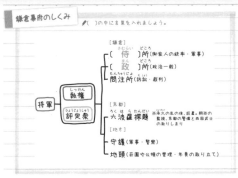

[鎌倉]
[**侍**]所(御家人の統率・軍事)
[**政**]所(政治一般)
問注所(訴訟・裁判)

将軍 — 執権 — 評定衆

[京都]
六波羅探題 ※承久の乱の後,設置。朝廷の監視,京都の警備と西国武士の取りしまり

[地方]
守護(軍事・警察)
地頭(荘園や公領の管理・年貢の取り立て)

(2)執権政治

頼朝の死後,妻の北条政子とその父,北条時政が
幕府の実権を握る。
有力な御家人をまとめた

時政が **執権** の地位に就く。
→ 北条氏が代々この地位を独占し,政治を行う(執権政治)。

源氏の将軍が3代で絶える。

1221年,後鳥羽上皇が **承久の乱** を起こす。
政権を朝廷に取り戻すため

幕府軍に敗れる。
→ 京都に **六波羅探題** を設置。
→ 朝廷の監視,京都の警備や,西日本の武士を統率。

1232年,執権北条泰時が **御成敗式目** (貞永式目)を制定。
→ 公正な裁判を行うための武士独自の法。
武士の慣習をまとめる。
武士の法律の見本。
朝廷の慣令とは別

今なら政権を取り戻せる!
後鳥羽上皇

ゴロ
人に不意打ち
承久の乱

ゴロ
一文にしたためた
御成敗式目

---

(1)武士の暮らし

◉武士の生活
…領地に館を設け,農民らを使って田畑の耕作。
自らは常に武芸にはげみ,戦いに備える。
騎馬やら矢

★武芸の訓練(笠懸)

◉武士の一族
…惣領を中心に団結。
一族の長
領地は分割相続。女性にも相続権あり。
あと継ぎ以外にも土地の一部がゆずられた

地頭になり,領地を支配する女性もいた

(2)地頭の支配

◉地頭と荘園領主…土地の支配権をめぐり争う。
→ 土地の半分が地頭に与えられる(下地中分)。

地頭の権利が強まる。

◉農民…領主と **地頭** との二重支配に苦しむ。
→ 団結し,集団で地頭の厳しい支配を訴えることも!

(3)農業・商工業の発達

◉農業…農地の開発が進み,農業技術が発達。
→ **二毛作** が始まる
…同じ耕地で米と麦を交互につくる。

なぜ?
農作業に,牛や馬,鉄製の農具,草木を焼いた灰の肥料を使うようになったから。

◉商工業
村に手工業者…鍛冶屋,紺屋など。
農具をつくる　染物を行う
寺社の門前,交通の要所に… **定期市** が開かれる。
→ 売買に宋銭を使用。
日宋貿易で輸入
→ 京都や鎌倉に高利貸し登場。

一部の荘園では,年貢を宋銭で納めた。

(4)鎌倉文化

平安時代の文化を受け継ぎ,武士の好みを反映した力強い文化。

◉建造物… **東大寺南大門** を再建。
源平の争乱で焼け落ちた

宋の新しい建築様式を取り入れた。

◉彫刻…運慶や快慶らによる **金剛力士像**。

力強い

◉絵画…似絵(写実的な肖像画)。
宋の文化の影響

◉文学　和歌集『 **新古今和歌集** 』…藤原定家が編集。
平安時代の伝統を受け継ぐ
後鳥羽上皇の命令

軍記物『 **平家物語** 』…武士の戦いを描く。
→ 琵琶法師によって語られる。

随筆…『 **方丈記** 』…鴨長明
『 **徒然草** 』…兼好法師

★金剛力士像

(5)新しい仏教

戦乱やききんが相次ぎ,救いを求める人々にこたえる
わかりやすく信仰しやすい新しい仏教がおこった。
厳しい修行は不要

天台宗や真言宗など,伝統的な仏教のちからもまだ強かった。

「南無阿弥陀仏」
「南無妙法蓮華経」が目印。

鎌倉時代の新しい仏教
（（ ）の中に言葉を入れましょう。）

宗派	浄土宗	浄土真宗	時宗	日蓮宗(法華宗)	臨済宗	曹洞宗
開いた人	**法然**	（ **親鸞** ）	一遍	日蓮	栄西	道元
教え	念仏を唱えれば,極楽浄土に救いを信じる	阿弥陀如来の救いを信じる心を強調	踊念仏や,念仏札を配って布教	題目で人も国も救われる	禅宗 座禅 により悟りを開く	
広がり	公家・武士	武士・民衆	武士・民衆	武士・民衆	公家・武士	武士・民衆

親鸞は法然の弟子。

(1)モンゴル帝国とユーラシア世界

◉モンゴル高原…古代より遊牧民が生活。
　→ 多くの部族が、統合や分裂を繰り返す。

◉13世紀初め、<u>チンギス</u>＝ハンが諸部族を統一。
　→ モンゴル帝国を建設。

　→ ユーラシア大陸の東西にまたがる大帝国に。

◉13世紀半ば、第5代皇帝　<u>フビライ</u>＝ハン
　…中国北部を支配。

フビライに仕えたイタリア人のマルコ＝ポーロは、『世界の記述』の中で日本を紹介。

　→ 都を大都（現在の北京）に移し、
　　国号（国名）を<u>元</u>と定める。
　　　　　　　　　　中国風

モンゴル帝国の拡大
　下の（　）に言葉を入れましょう。

「黄金の国、ジパング！」
マルコ＝ポーロ

ムスリム（イスラム教徒）の商人も元を訪れた。

(2)モンゴルの襲来

朝鮮半島の高麗を従えたから、次は日本を従えよう！

◉<u>フビライ</u>＝ハン…日本に元への服属を要求。

鎌倉幕府の第8代執権<u>北条時宗</u>…要求を無視。

元の大軍が九州北部に二度襲来＝**元寇**
　高麗の軍勢も加わる　　　蒙古襲来ともいう

フビライ＝ハン

◉<u>文永</u>の役（1274）…一度目の襲来。
　元軍…博多湾岸（福岡市）に上陸。
　暴府軍…集団戦法と火薬を使った武器に苦しむ。
　→ 元軍は引き揚げる。

ゴロ
元の船　とうになし
文永の役

　暴府…海岸に石の防壁（防塁）を築く。
　元…宋を滅ぼす。
　　　御家人に命じた

◉<u>弘安</u>の役（1281）…二度目の襲来。
　元軍…上陸できず。
　暴風雨で大損害→引き揚げる。

★元軍（左）と戦う御家人（右）

なぜ？
御家人の活躍と、石の防塁のため。

(3)鎌倉幕府の滅亡

◉御家人の不満
　…元寇で多くの戦費を負担したが、恩賞は不十分。
　…領地の分割相続の繰り返しで土地が減少。
　→ 生活苦に！

なぜ？
外国との戦いで防衛戦だったため、領地を獲得できなかったから。

◉1297、永仁の<u>徳政令</u>
　…御家人の借金を帳消しに。手放した土地を取り返させる。
　→ 効果は一時的。

御家人の心は幕府から離れていった。

御家人の幕府への反感が強まる。

近畿地方を中心に幕府に従わない悪党が出現。

◉<u>後醍醐</u>天皇…倒幕を目指す。
　　　　　　　政治の実権を取り戻す目的
　→ 有力御家人の足利尊氏や新田義貞、
　　新興の武士の楠木正成を味方に付ける。

1333年、鎌倉幕府を滅ぼす。

---

(1)建武の新政から南北朝の動乱へ

後醍醐天皇…<u>建武の新政</u>を始める。
　→ 天皇中心の新しい政治。
　→ 武士の政治を否定し、公家（貴族）を重視。

　武士の不満が高まる。

　<u>足利尊氏</u>が挙兵…武士の政治の復活を目指す。
　→ 後醍醐天皇の政権は2年ほどでたおれる。

なぜ？
鎌倉幕府をたおすときに活躍した武士たちが公家重視の政治に不満をもち、尊氏を支持した！

足利尊氏…京都に新たに天皇を立てる＝北朝
後醍醐天皇は吉野（奈良県）へ逃れる＝南朝

2つの朝廷が生まれた！

　→ 以後約60年間、二つの朝廷の争いが続く＝南北朝時代
　　　　　　　　　　　　　　　　南北朝の動乱

(2)室町幕府の成立

1338年、足利尊氏が北朝から<u>征夷大将軍</u>に
任命される → 京都に幕府を開く。

鎌倉時代	→	南北朝時代
守護	任国の軍事・警察	守護大名
↑↓ 主従関係はない		任国の領国化 ↑ 家臣として支配
地頭	荘園の管理	地頭・武士・荘園

←守護から守護大名へ

南北朝の動乱の中、幕府は守護に強い権限を与えた。
　→ 守護の多くは荘園や公領を自分の領地として支配し、
　　領内の武士を従え、領主化した。
　→ <u>守護大名</u>の誕生。

1392年、第3代将軍<u>足利義満</u>…南北朝を統一。

義満が、京都の室町に御所を建てたので、足利氏の幕府を室町幕府という。

◉<u>管領</u>…将軍の補佐役 → 有力な守護大名が
任命される。
　　　　　　　　細川氏など

鎌倉には鎌倉府設置 → 足利氏の一族が鎌倉公方
　　　　　　　　　　　　　　　のちに幕府と対立

◉幕府の収入
　…金融業者（土倉や酒屋）を保護 → 税を取る。
　…関所を設置 → 通行税を取る。

京都	将軍	管領	侍所（軍事・警察）
			政所（幕府の財政）
			問注所（記録の保管）
鎌倉		鎌倉府	
		（関東・甲信・伊豆を治める）	
地方		守護・地頭	

←室町幕府のしくみ

幕府のしくみを比較

下の（　）に言葉を入れましょう。

〔<u>鎌倉</u>〕幕府　　〔<u>室町</u>〕幕府

有力な守護大名に支えられている

は図中に含まれる説明のため省略

(3)東アジアとの交流

モンゴル民族を北に追いやった。

◉中国…14世紀、漢民族が<u>明</u>を建てる。

なぜ？
貿易の利益を幕府の財源にするため！

　足利義満…明と<u>日明（勘合）</u>貿易を始める。
　→ 正式な貿易船に<u>勘合</u>をもたせ、
　　<u>倭寇</u>と区別。
　　　　　朝鮮半島や中国沿岸で、貿易の強要や海賊行為を行う集団

◉朝鮮半島
　…14世紀末、李成桂が高麗を滅ぼし、<u>朝鮮国</u>を建てる。
　→ ハングルをつくる。

☆勘合☆
ピッタリ
本物の証！

日本と国交を結び、民間の貿易も行う。

◉琉球（沖縄）…15世紀初め、尚氏が<u>琉球王国</u>を建てる。
　→ <u>中継</u>貿易で栄える。
　　　日本、中国、朝鮮半島、東南アジアと

◉蝦夷地（北海道）…<u>アイヌ</u>民族が暮らす。
　→ 狩りや漁、本州・樺太（サハリン）・ユーラシア大陸と交易。
　→ 14世紀、津軽（青森県）の十三湊の安藤氏と交易。
　→ 15世紀、南部に和人が移住し、交易をめぐり衝突。
　　　　　　　　　　　　　　本州の人々

　15世紀半ば、和人と戦い敗れる…指導者はコシャマイン。
　　　　　　　　　　　　　　　　　　　首長

(1)産業の発達

- ◉農業…二毛作が広がる。かんがい用の水車や堆肥の使用が始まり，技術が進歩。
  - → 収穫が増える。
  - → 麻・桑・藍・茶の栽培が広がる。
- ◉商業…各地に定期市。 ┄┄（月3回から6回に。）
  - → 運送業…物資を運ぶ　馬借　・車借，倉庫業も兼ねた問（問丸）。
  - → 金融業…　土倉　（質屋）や酒屋。

  （馬借です！馬で物資を運んでます。）

- 　座　…商人や手工業者の同業者の団体。
  - → 貴族や寺社などに税を納めて保護を受け，営業を独占。
- ◉都市の発達…各地の港や寺社の門前。
  - → 京都…町衆による自治，祇園祭。
  - → 博多（福岡県），堺（大阪府）…明や朝鮮との貿易で栄える。

(2)村の自治

- ◉　惣（惣村）　…村の自治組織。
  - → 寄合を開き，村のおきてを定める。
  - → 荘園領主や守護大名に抵抗するように。
  - → 多くの村が結び付き，年貢を減らす交渉など。

  （なぜ？ 団結を強めた人々は，自分たちのことは自力で解決しようと行動するようになった！）

- ◉　土一揆　…土倉や酒屋を襲い，借金の帳消しなどを要求。

  正長の土一揆（1428年）…近江国（滋賀県）の馬借が中心。幕府に徳政令を要求。

(3)応仁の乱から戦国時代へ

第8代将軍　足利義政　のあと継ぎ問題をめぐり有力な守護大名が対立。 ┄（山名氏と細川氏）
↓
1467年，　応仁の乱　京都から全国に広がる。
→ 11年間続き，京都は焼け野原に。

乱後，将軍の権力は衰え，
天皇や貴族，寺社の領地は武士に奪われる。

（多くの守護大名が，東軍と西軍に分かれて戦った。）

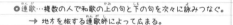

★ 応仁の乱開始時の村立関係図

- ◉山城国一揆…武士と農民が守護大名を追い払う。
  - → 8年間自治を行う。
- ◉加賀の一向一揆…浄土真宗（一向宗）の信仰で結びついた人々が守護大名をたおす。
  - → 約100年間自治を行う。

★ 一揆の発生地

　下剋上　の風潮が広がる。
…下の身分の者が上の身分の者に実力で打ち勝ち権力を奪う風潮。

　戦国　時代…応仁の乱以後，各地で戦国大名が活躍した約100年間。 ┄（幕府は力を失っていた）

（守護大名の家臣が大名の地位を奪ったり，守護大名が幕府の支配から離れたりして戦国大名となった。）

- ◉戦国大名の支配
  - → 近くの大名との戦いに備え，領国の武士をまとめて強力な軍隊をつくる。
  - → 城…山城から交通に便利な平地に。
  - → 　城下町　をつくる…城の周辺に家来を集め，商工業者を呼ぶ。
  - → 独自の法律である　分国法　を定める。

(1)室町文化

貴族（公家）の文化と，禅宗の影響を受けた武士（武家）の文化が混ざり合った文化。

北山文化…第3代将軍　足利義満　のころ。
→ 貴族の文化と武士の文化の融合がみられる。

東山文化…第8代将軍　足利義政　のころ。
→ 禅宗の影響が強く，簡素で気品がある。

（銀閣と同じ敷地にある東求堂という建物の同仁斎という部屋。）

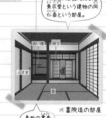

★ 書院造の部屋

（義政の書斎だった。）

- ◉建造物

  　金閣　（京都府）…足利義満が建てた。

  　銀閣　（京都府）…足利義政が建てた。
  → 書院造…床の間・ふすま・畳・違い棚など。
  　現代の和風住宅のもとになる。

  （床の間には書・絵画や花が飾られた。）

枯山水…水を使わず，石や木で自然の風景を表現した庭園。
→ 禅宗の寺で多くつくられた。龍安寺の石庭など。
→ 河原者と呼ばれた人々がつくった。 ┄（差別を受けていた）

- ◉美術
  水墨画…墨一色で自然を表現する絵画。
  → 禅僧の　雪舟　が優れた作品を残す。 ┄（明（みん）にわたり水墨画を学ぶ）

- ◉芸能
  観阿弥・世阿弥…　能（能楽）　を大成。 ┄（義満の保護を受けた）
  → 民衆の間で行われていた田楽・猿楽をもとにしている。

水墨画（雪舟画）

(2)室町文化の広がり

民衆が経済的に豊かになるにつれ，民衆の間にも文化が広がった。

（茶の湯）

- ◉連歌…複数の人で和歌の上の句と下の句を次々に詠みつなぐ。
  - → 地方を旅する連歌師によって広まる。
- ◉茶の湯…鎌倉時代に栄西が伝えた茶を飲む習慣が広まり，茶の湯として流行。
- ◉御伽草子…絵入りの物語，『浦島太郎』・『一寸法師』など。 ┄（庶民が主人公）

- ◉能…各地の農村の祭りでも行われる。
  - → 　狂言　…能の合間に演じる喜劇。民衆の生活や感情を表現。

  （当時の話し言葉を使っている。）

- ◉現在に引き継がれる文化や年中行事
  …正月・節句・盆踊りなど。

  盆踊り

- ◉鎌倉時代におこった新しい仏教の広まり。
  - → 浄土真宗…北陸地方や近畿地方の武士や農民へ。
  - → 日蓮宗（法華宗）…京都や堺の町衆へ。
  - → 曹洞宗…北陸地方や九州地方へ。

- ◉足利学校（栃木県）…15世紀中ごろ，守護大名の上杉氏が整備。
  - → 各地から僧や武士が集まり，儒学を学んだ。

  足利学校

- ◉都の文化が地方の城下町へ…応仁の乱で荒廃した京都から，貴族や僧が地方の戦国大名の下に行ったため。

(1)中世のヨーロッパとキリスト教

中世のヨーロッパ…5世紀～15世紀ごろまで。
→ キリスト教が、人々の考えや生活に大きな
　影響を与えていた時代。

● <u>ローマ</u> 教皇(法王)…カトリック教会の首長。

→ 大きな権威をもち、諸国の王を服従させること
　も。
→ 西ヨーロッパ諸国の王や貴族は、教会と結びつ
　きを強めて勢力を広げる。

ローマ帝国は4世紀末に東西に分裂。そのうち、西ローマ帝国は5世紀に滅び、東ローマ帝国は15世紀まで続いた。

ローマ帝国分裂後、勢いを増す

図：中世までのヨーロッパ
ローマ帝国 →(分裂) → 西ローマ帝国 / 東ローマ帝国(ビザンツ帝国) 4世紀末 5世紀 滅亡 中世 15世紀 滅亡

★中世までのヨーロッパ

(2)イスラム世界の発展

イスラム世界…8世紀中ごろ、中央アジア
からイベリア半島まで勢力を広げる。

→ その後の動き。
　13世紀…モンゴル帝国の支配を受ける。
　15世紀… <u>オスマン</u> 帝国がビザンツ帝国を征服。
　16世紀…インドにムガル帝国成立。

★イスラム世界の広がり

地図：フランク王国、ビザンツ帝国 など
・622～632年＝イスラム教
・632～661年 勢力の範囲
・661～750年
・ムスリム軍の進路

東は唐、西はヨーロッパなどと接している。

● <u>ムスリム</u> (イスラム)商人
…東地中海、アフリカ東岸、インド、東南アジアで活動。ヨーロッパに、香辛料などアジアの産物を運ぶ。

ヨーロッパで人気だった

天文学の研究です！

● 学問…古代ギリシャの学問を発展させる。

ビザンツ帝国から受け継ぐ

→ 数学、科学、天文学、医学は当時の世界最高水準。
→ 羅針盤、火薬、製紙・印刷の技術を改良。

中国から伝わったもの。のちにヨーロッパに伝わる。

(3)十字軍

ユダヤ教・キリスト教・イスラム教の聖地

11世紀、イスラム教の国が聖地エルサレムを勢力下に。

→ ローマ教皇(法王)が、エルサレムの奪回を呼びかける。

なぜ？
●聖地エルサレムを奪い返すため。
●各国の王や商人が勢力を伸ばそうとしたため。

西ヨーロッパ諸国の王や貴族… <u>十字軍</u> を組織。
→ エルサレムを目指す。

約200年にわたり、たびたび派遣される。

→ 奪回は失敗。
　一方で、イスラム世界の学問や文化、東南アジアの産物などがヨーロッパに伝わる。

もう…

なぜ？
イタリア商人とムスリム商人の貿易が活発になったため。

(4)ルネサンス

<u>ルネサンス</u> (文芸復興)…14世紀、イタリアの都市で始まる。

16世紀にかけて、西ヨーロッパ各地に広まる。

イスラム世界との貿易で栄えた

→ 古代の <u>ギリシャ</u> やローマの文化を理想とし、人間らしい個性や自由を求める新しい文化。

● 芸術…人の生き生きとした姿を表現。
　レオナルド=ダ=ビンチ…「モナ=リザ」。
　ミケランジェロ…「ダビデ」。
　ボッティチェリ…「春」。

カトリック教会の考えオにとらわれず、実験や観察が行われた。

● 科学技術
　火薬・羅針盤の改良、活版印刷の発明。

中国からムスリム商人によって伝わった

　コペルニクスやガリレイ…地動説を唱える。

カトリック教会は天動説を支持

図：太陽・地球、ガリレイ（地動説）

---

(1)宗教改革

16世紀初め、ローマ教皇(法王)が、資金集めのため、免罪符を売り出す。

買うと罪が許されるとした札

十字軍の失敗後、ローマ教皇の権威は衰え、カトリック教会は資金不足に陥っていた。

→ カトリック教会の腐敗を正そうとする運動の
　<u>宗教改革</u> が始まる。

なぜ？
ローマの大聖堂修築という名目で、免罪符を売り出した。

● <u>ルター</u> …1517年、ドイツで。
「聖書だけが信仰のよりどころである！」

教皇や教会の権威を否定

● カルバン…スイスで。

NO！ 免罪符 ダメ！

● <u>プロテスタント</u> …改革を支持する人々。

抗議する者

カルバン ルター キリスト教を改革しよう！

カトリック教会…勢力立て直しを目指す。
● <u>イエズス会</u> が中心となり改革開始。
→ 海外布教に力を入れ、宣教師を派遣。

アジアやアメリカ大陸 ザビエルなど

プロテスタントの指導

(2)新航路の開拓

羅針盤の実用化、航海術の進歩などで、遠洋航海が可能になった。

<u>大航海</u> 時代
…15世紀、ヨーロッパの国が、海路でアジアに直接行くための新たな航路の開拓を始める。

● 先がけとなった国
…ポルトガルとスペイン。

カトリックの国

● 目的
…キリスト教を広めること。
…アジアの香辛料などの富を直接手に入れること。

肉の保存や薬に利用

新航路が開拓される前のアジアの物資の動き

地図：イタリア、オスマン帝国、インド、東南アジア
イタリア商人が運ぶ ムスリム商人が運ぶ 東南アジアの産物

香辛料などアジアの産物は、ムスリム商人をへて買っていたためたいへん高かった。

● <u>コロンブス</u> …スペインが支援。
→ 1492年、カリブ海の島(西インド諸島)に到達。

アメリカ大陸付近

大西洋を横断して、アジアを目指した。

● バスコ=ダ=ガマ…ポルトガルの航海者。
→ 1498年、アフリカ南端を回りインドに到達。

喜望峰

ヨーロッパとインドが海路で結びついた！

● <u>マゼラン</u> の船隊…スペインが後援。
→ 16世紀、世界一周に初めて成功。

地球が球体であると証明！

新航路の開拓

下の[ ]の中に名前を入れましょう。

地図：
[コロンブス]
[バスコ=ダ=ガマ]
[マゼラン]の船隊

コロンブスはインドに到達したと信じていた。

コロンブス

(3)ヨーロッパ諸国の世界進出

● ポルトガル…インドのゴア、マレー半島のマラッカを拠点。
→ 香辛料を中心としたアジアとの貿易。

● スペイン…アメリカ大陸で、先住民の支配者をたおす。
→ 広大な <u>植民地</u> を築く。
→ 先住民を労働させ、銀の鉱山や大農園を開発。

さとうきびなど

● 三角貿易…アフリカの人々をアメリカ大陸へ

労働力の不足を補うため

★大西洋の三角貿易

図：アメリカ大陸 ─ ヨーロッパ ─ アフリカ
毛織物、銀・砂糖、武器・雑貨、奴隷

多くのアフリカの人々が奴隷として、アメリカ大陸に送られた。

● オランダ…17世紀、東インド会社設立、アジアに進出。

プロテスタントが多い国　日本とも貿易

→ ヨーロッパの商業・金融の中心に。

(1)ヨーロッパ人の来航

1543年，ポルトガル人が種子島に漂着し，**鉄砲** を伝える。
（鹿児島県）　戦国大名が注目

以後，予算が増えた
鉄砲伝来

堺（大阪府）・国友（滋賀県）などで，刀鍛冶による製造開始。
→ 全国に普及し，戦い方，武具，城のつくりが変わる。
→ 全国統一の動きが加速。

1549年，フランシスコ＝ザビエルが **キリスト教** を伝える。
イエズス会の宣教師，鹿児島に上陸

以後，よく広まる
キリスト教

→ 多くの宣教師が来日。布教を進め，
　キリスト教信者（キリシタン）が増える。

なぜ？
宣教師が学校・病院などを
つくって慈善事業なども
行ったため。

南蛮貿易… **ポルトガル** 人やスペイン人との貿易。
→ 日本から大量の銀が持ち出される。

輸入品は，
明の生糸・絹織物，
ヨーロッパの鉄砲・火薬・
時計・ガラス製品など。

ポルトガル船は，布教を許可した領主の港に来航。
→ 貿易の利益のため，
　信者になる戦国大名が登場（キリシタン大名）。

天正遣欧使節…4人の少年をローマ教皇のもとへ。

派遣したのは，
キリシタン大名の
大友氏，大村氏，有馬氏。

(2)織田信長の統一事業

織田信長 …尾張（愛知県）の小さな戦国大名だった。

武力で天下を
とろうとする。
信長

◆1560年，桶狭間の戦い
…駿河（静岡県）の大名今川義元を破り，勢力拡大。

◆1573年，第15代将軍足利義昭を京都から追放。
→ **室町幕府** を滅ぼす。

翌年から，安土
（滋賀県）に城を
築き始める。

◆1575年，**長篠** の戦い
…鉄砲を活用し，甲斐（山梨県）の大名武田勝頼を破る。

長篠の戦い

（　）に「織田」「徳川」「武田」のどれかを入れましょう。

〔 織田 〕・〔 徳川 〕
連合軍　　　　　　　　　　　〔 武田 〕軍

（徳川美術館所蔵）（徳川美術館イメージアーカイブ /DNPartcom）

→ 以後，鉄砲を使う戦いが主流に。

◆琵琶湖（滋賀県）のほとりに **安土城** を築く。
→ 全国統一の拠点に。

巨大な天守（天
守閣）をもつ城。

◆1582年，本能寺の変…家臣の明智光秀に背かれて自害。
全国統一目前だった

(3)信長の政策

安土城下では，誰でも自
由に商売できるように
なったんだ。

◆ **楽市・楽座** …商工業を活発にするため，安土城下で，市
の税を免除し，座を廃止。

◆関所の廃止…自由な交通を可能に。
関所は，通行税を取り流通のさまたげだった

◆仏教勢力…武力で従わせた。
→ 比叡山延暦寺を焼き討ち。

なぜ？
信長に敵対した
ので。

→ 各地の一向一揆と戦い，拠点の石山本願寺を降伏させる。

なぜ？
仏教勢力への対抗と，
貿易による利益のため。

◆キリスト教…保護した。

---

(1)豊臣秀吉の統一事業

豊臣秀吉 …織田信長の家臣。
明智光秀をたおして，信長の後継者に。
→ 全国統一を目指す。

◆1583年，**大阪城** を築き，全国統一の拠点とする。

関白に任命された秀吉は，
天皇の権威を利用して全
国の大名に停戦を命じる
など，統一事業を進めた。

◆1585年，朝廷から関白に任命される → 翌年，太政大臣に。
このとき朝廷から豊臣の姓をもらう

◆1590年，小田原の **北条氏** を滅ぼして全国を統一

どうでもいいやに
太閤検地

(2)秀吉の政策

◆ **太閤検地** …年貢を確実に取るための政策。
→ 田畑の面積，土地のよしあしを調べ，
　統一したものさしやますを用いた
　予想される収穫量を **石高** で表す。
→ 百姓…土地を耕す権利が保障され，
　代わりに，石高に応じた年貢を納める義務を負う。
　　領主である武士に納めた

実際の耕作者の名前
と，調査の結果を検
地帳に記録した。

→ 武士…与えられた領地の石高に応じた軍役を果たす。
→ 荘園領主（公家や寺社）…土地に対する権利を失う。

荘園制度は完
全に崩れた。

◆ **刀狩** …一揆を防ぐための政策。
→ 百姓や寺社から武器を取り上げた。

◆ **兵農分離** …武士と農民の区別が明確になること。
→ 太閤検地と刀狩で進む。

なぜ？
秀吉がキリシタン大名
によってイエズス会に
寄進されていることな
どを知ったため。

◆宣教師の国外追放を命令。
キリスト教が全国統一の妨げになると考えた
→ 南蛮貿易は認めたので，政策は不徹底に。

◆朝鮮侵略…明の征服を目指し，朝鮮に二度，大軍を送る。

なぜ？
朝鮮が日本への服属
と，協力を拒否した
から。

1回目：1592年，**文禄の役**
→ 李舜臣が率いる水軍の活躍，明の援軍，民衆の抵抗
　などのため苦戦し，休戦。

2回目：1597年，**慶長の役**
→ 苦戦し，秀吉の病死をきっかけに全軍が引き揚げる。

秀吉は何回
文禄の役
慶長の役
朝鮮侵略

→ 豊臣氏没落の原因となった。

(3)桃山文化

織田信長と豊臣秀吉の時代に栄えた
新興の大名や大商人の気風を反映した壮大で豪華な文化。

織田信長と豊臣秀吉
の時代を，
安土桃山時代という。

◆建造物
安土城や大阪城…高くそびえる天守（天守閣）と，巨大な石垣。
→ 支配者の強大な権力と富が示される。

◆絵画
狩野永徳 …「唐獅子図屛風」など。
→ きらびやかな絵（濃絵）が，城のふすまや屛
風，天井に描かれる。

★唐獅子図屛風（狩野永徳画）

◆芸能
千利休 …わび茶を完成。

◆民衆の文化
出雲の阿国…京都でかぶき踊りを始める。

なぜ？
南蛮貿易が，さかん
に行われたため。

◆南蛮文化…ヨーロッパの文化が流入。
→ 天文学・航海術，医学，活版印刷術。
→ ヨーロッパ風の衣服の流行
→ パン・カルタ・カステラ・眼鏡・時計

南蛮ファッション

(1)江戸幕府の成立

<u>徳川家康</u> …豊臣秀吉の死後、勢力を伸ばす。
関東を領地としていた

↓

1600年、<u>関ケ原</u> の戦いで、石田三成らを破る。
→ 全国支配の実権を握る。

↓

1603年、<u>征夷大将軍</u> に任命され、江戸幕府を開く。
→ 江戸に幕府が置かれた260年余りを、江戸時代という。

↓

1614、1615年、二度にわたる大阪の陣で、豊臣氏を滅ぼす。
→ 幕府の基礎を固める。

ゴロ
家康は一路江戸にまっしぐら

(2)幕藩体制の確立

<u>幕領</u> …幕府の直轄の支配地

将軍の直属の家臣の領地を含めると、全国の石高の約4分の1。

幕府のしくみ…多くの役職が置かれ、職務を分担。
◎ <u>老中</u> …幕府の政治を行う。若年寄が補佐。
将軍が任命
◎ 三奉行…町奉行・勘定奉行・寺社奉行

★江戸幕府のしくみ

大名と藩
→ 大名…1万石以上の領地を与えられた武士。
→ 藩…大名の領地とそれを支配する組織。
◎ <u>親藩</u> …徳川家の一族。
◎ <u>譜代大名</u> …古くからの徳川家の家臣。
◎ <u>外様大名</u> …関ケ原の戦いのころから徳川家の家臣になった大名。

<u>幕藩体制</u> が確立。
→ 将軍を中心として、幕府と藩が全国の土地と民衆を支配。

将軍直属の家臣
◎ <u>旗本</u> …将軍に直接会える。
◎ <u>御家人</u> …将軍に直接会えない。

☆大名の配置

外様大名は、江戸から遠い地域に配置された。

大名・朝廷の統制
◎ <u>武家諸法度</u> を定め、大名を統制。
→ 第3代将軍徳川家光 が <u>参勤交代</u> を制度化。

参勤交代のしくみ

〔江戸〕 〔領地〕

1年おきに江戸と領地を往復

◎京都所司代を置き、朝廷を監視し、禁中並公家諸法度を定めて、天皇や公家も統制。

(3)身分と暮らし

◎ <u>武士</u> …支配階級。名字を名乗る・帯刀などの特権。
全人口の約7％

米で支給される俸禄を代々与えられた。

◎ <u>百姓</u> …村に住み、自給自足に近い生活。
→ 土地をもつ本百姓、もたない水のみ百姓。
→ 本百姓の庄屋(名主)・組頭・百姓代による村の自治。
→ <u>五人組</u> の制度で、年貢納入や犯罪防止に連帯責任。

全人口の約85％を占め、大部分は農業を営む。

大切！
武士の生活を支えていた年貢を、安定して取るため。

◎ 町人…商人と職人。主に城下町に住む。
◎ えた身分・ひにん身分…厳しい差別を受けた人々。

(1)貿易の振興

徳川家康による貿易政策
大名や豪商に朱印状を発行し、貿易をすすめる。
→ <u>朱印船貿易</u> …朱印状をもった船による貿易。

なぜ？
貿易の収入の一部を幕府に納めさせることで、利益を得るため。

↓

多くの日本人が東南アジアに移住→各地に <u>日本町</u> 。

東南アジア各地に行き、貿易を行った。

(2)禁教と貿易の統制

貿易がさかんになり、キリスト教の信者は増加。

なぜ？
ヨーロッパの国の多くは、貿易とともにキリスト教の布教もすすめていたため。

↓

家康は貿易の利益のため、初めはキリスト教を黙認

1612年、幕領でキリスト教を禁止（禁教令）。
→ 翌年、全国へ拡大。

なぜ？
領主より神への信仰を大事にする教えが、幕府の支配の妨げになっていったため。

1635年、日本人の海外渡航と帰国を禁止。
→ 朱印船貿易が終わる。

1637年、<u>島原・天草一揆</u>
…領主によるキリスト教信者への迫害と、厳しい年貢の取り立てに反発。
→ 4か月後、幕府の大軍が鎮圧。

島原(長崎県)や天草(熊本県)の人々が起こした一揆。

1639年、<u>ポルトガル</u> 船の来航を禁止。
1641年、オランダ商館を <u>出島</u> に移す。
長崎港内につくられた人工の島
以後、中国とオランダだけが長崎で貿易を許される。

なぜ？
オランダはキリスト教の布教を貿易の条件にせず、中国はキリスト教の国ではなかったため。

幕府による「禁教の徹底・貿易統制・外交独占」の体制が固まる。
→ のちに <u>鎖国</u> と呼ばれる。

幕府による禁教の強化
◎ <u>絵踏</u> …キリスト教信者を見つけ出すため。
→ 役人の前で、キリストや聖母マリアの像を踏ませました。
◎ 宗門改…人々が仏教徒であることを寺に証明させる。

(3)鎖国下での対外関係
交易の窓口

◎オランダ…出島のオランダ商館で取り引き。
「オランダ風説書」を幕府に提出。

これで幕府は海外の情報を知った

中国では、17世紀前半に清が建国され、明が滅んだ。

◎中国…長崎で貿易。
→ 中国人は、17世紀後半より唐人屋敷に住まわせた。

出島の近くに建設

◎朝鮮…対馬 藩(長崎県)の宗氏の努力で国交回復。
→ <u>朝鮮通信使</u> …将軍の代がわりなどに江戸へ。

◎琉球王国(沖縄県)…薩摩 藩(鹿児島県)が征服。
中国への朝貢貿易や中継貿易を管理し、利益を得る。
→ <u>琉球使節</u> …将軍や琉球国王の代がわりに江戸へ。

★鎖国下で対外的に開かれた窓口

◎蝦夷地(北海道)…松前藩が <u>アイヌ</u> 民族との交易を独占。

アイヌの人々の指導者
アイヌの人々… <u>シャクシャイン</u> を中心に戦いを起こす。
→ 経済的支配はさらに厳しいものに。

が開かれた4つの窓口。

なぜ？
松前藩が、アイヌの人々にとって不利な交易を行ったため。

禁教と貿易の流れ

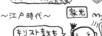

(1)産業の発達

◆農業の発展

　新田開発　…幕府や藩が新たな耕地を広げる。

【なぜ？】年貢を増やすため。

　農具の開発…　備中ぐわ　，千歯こき，とうみなど。
　　　　　　　深く耕せる　効率よく脱穀できる

【18世紀初め、耕地面積は豊臣秀吉のころの約2倍に！】

　肥料の使用…干鰯や油かす（←購入して用いる）。
　商品作物の栽培が広まる。
　　…木綿，菜種など、売ることを目的につくる。

【なぜ？】米の生産力が高まり、余裕が生まれたから。

◆諸産業の発展

　水産業
　　九十九里浜（千葉県）…地引き網によるいわし漁。
　　　→干鰯に加工され、肥料として各地に売られる。
　　蝦夷地（北海道）…にしん漁、こんぶ漁

千歯こき

　鉱業
　　佐渡金山（新潟県），石見銀山（島根県），生野銀山（兵庫県），
　　足尾銅山（栃木県）など。
　　　→17世紀、金・銀は世界有数の産出量に。
　　　→幕府は貨幣をつくり、全国に流通させた。

備中ぐわ

　特産物の生産…しょうゆ（千葉県），酒（兵庫県），磁器（石川県・
　　　　　　　　佐賀県）など。

(2)都市の繁栄

◆三都（江戸・大阪・京都）が目覚ましく発展。

　江戸…「将軍のおひざもと」
　大阪…「天下の台所」
　　　→諸藩が　蔵屋敷　を置き，
　　　　年貢米や特産物を売りさばく。
　京都…工芸・学問の中心
　　　→西陣織など優れた工芸品

［国立歴史民俗博物館］
★にぎわう江戸・日本橋

◆都市の大商人

　株仲間　…商人の同業者組合。
　　→幕府や藩に税を納める代わりに、営業を独占。

　両替商…金銀の交換、金貸しで経済力をつける。

営業を独占！
株　仲　間

(3)交通路の整備

幕府は、全国支配のため、主要な道路を整備した。

◆陸上交通

　五街道　…日本橋を起点とする。
　　…東海道・中山道・日光道中・奥州道中・
　　甲州道中

【関所では、江戸にいる大名の妻子が領地へ帰らないか、江戸に鉄砲など武器が持ち込まれないかなどを厳しくチェック！】

　関所…東海道の箱根、中山道の碓氷など。
　　→江戸を守るため、人々の通行や江戸に
　　　入る荷物などを監視。

　宿場町の発達
　　…本陣（参勤交代の大名が宿泊）。
　　…旅籠（庶民の旅行者が利用）。
　門前町の発達…寺の周辺。参詣人でにぎわう。
　通信の発達…手紙や荷物を運ぶ飛脚がさかんに行き来。

◆海上交通

東北地方や北陸地方の年貢米を運送。
　　→　西廻り　航路…日本海沿岸・瀬戸内海を回り大阪へ。
　　→　東廻り　航路…太平洋沿岸を回り江戸へ。

　南海路…菱垣廻船、樽廻船。
　　→上方でつくられた品物を大阪から江戸へ。

【江戸時代、京都や大阪を中心とする地域を上方といった。】

★江戸時代の交通

---

(1)綱吉と白石の政治

【17世紀末】

【幕府の権力が安定し、武力ではなく学問や社会の秩序を重んじる政治が目指された。】

◆第5代将軍徳川綱吉の政治

　朱子学を奨励…主従関係や上下関係を重視。
　　儒学の一派

　極端な動物愛護の政策…　生類憐みの令　を出す。

【生類憐みの令で動物を愛護】

　財政改善のため、質を落とした貨幣を大量に発行。
　　　→物価が上昇し、人々は生活苦に。

◆儒学者新井白石の政治（正徳の治）…第6・7代将軍に仕える。

　貨幣の質をもとに戻す。長崎貿易を制限。

【なぜ？】金や銀の海外流出を防ぐため。

(2)幕府政治の改革

◆　享保の改革　…1716年、第8代将軍徳川吉宗が始める。

【ゴロ】非暴富・倹約をかかげて、支出を抑えた
1716　享保の改革

　上げ米の制…大名に対し、参勤交代を軽減するかわりに、幕府
　　　　　　　に米を献上させる　→幕府の収入を増やすため。

　新田開発を進める　→年貢を増やすため。

　公事方御定書　の制定…裁判の基準となる法律。

　目安箱　を設置　→　民衆の意見を聞くため。

【問屋制家内工業…問屋が農民に原料や道具を貸して生産させ、完成した製品を買い取る。工場制手工業…働き手を作業場（工場）に集め、分業で生産する。】

【結果】幕府財政は一時的に立ち直る。

◆農村の変化

　　　　　　18世紀ごろ　　　19世紀ごろ
　工業の発達…問屋制家内工業から　工場制手工業　へ

　貨幣経済の広がりで農民の間の貧富の差が拡大
　　…土地を手放した小作人、買い集めた　地主

【肥料や農具の購入に、貨幣が必要になった。】

　百姓一揆による抵抗…農民が、年貢を増やす幕府や大名に対
　して起こす。都市では貧しい人々が打ちこわしを起こす。

【米を買い占めた商人を襲った。】

◆老中　田沼意次　の政治

　…18世紀後半、商人の豊かな経済力を利用した経済政策。

【新田開発のための印旛沼（千葉県）の干拓も計画した。】

　株仲間　の結成を奨励…特権を与え、営業税を納めさせた。

【なぜ？】株仲間からの税や貿易の利益で幕府の収入を増やそうとしたため。

　長崎貿易をさかんに…銅や俵物（海産物）の輸出を拡大。
　　→わいろが横行…批判が高まる。
　　→天明のききん…百姓一揆や打ちこわしが急増。
　　→老中は失脚。

◆　寛政の改革　…1787年、老中松平定信が始める。

【ゴロ】非難はなしよと
　　　　寛政の改革

　江戸に出てきていた農民を故郷に帰す。
　　→米の生産をすすめ、凶作やききんに備え米を蓄えさせる。
　　　商品作物の栽培は制限

　幕府の学問所で　朱子学　以外の講義を禁止。
　　→試験を行い、有能な人材の登用を目指す。

【幕府の学問所として、江戸に昌平坂学問所がつくられた。】

　旗本や御家人の、商人からの借金を帳消し。
　民衆に対して政治批判を禁じ、出版を厳しく統制。

【結果】厳しい改革は人々の反感を買い、十分な成果を出せなかった。

(3)外国船の接近

18世紀末より、外国船が通商を求めて日本に接近。
　　→幕府は拒否。
　　→　間宮林蔵　らに蝦夷地（北海道）や
　　　樺太（サハリン）を調査させ、蝦夷地を幕領に。

【なぜ？】ロシアの南下を警戒したため。

1825年、　異国船打払令　…外国船の撃退を命令。

1837年、日本に接近したアメリカの商船を砲撃。
　　　　　モリソン号事件

蘭学者（渡辺崋山や高野長英ら）が砲撃を批判。
　　→幕府が処罰！（蛮社の獄）

★日本に接近する外国船

(1)大塩の乱（大塩平八郎の乱）

<u>大塩平八郎</u> …大阪町奉行所の元役人。
→ 1837年, 大阪で乱を起こす…大塩の乱。

暴領の大阪で, 幕府の元役人による反乱が
起きたことに幕府は大きな衝撃を受けた。

> **ゴロ**
> 人は皆 大塩したって
> 打ちこわし

> **なぜ!**
> 天保のききんで苦しむ人々を奉行所が救済しようとしないので, 商人を襲って米やお金を人々に分け与えようとした。

(2)天保の改革と諸藩の改革

● 天保の改革…1841年, 老中水野忠邦が始める。
<u>株仲間</u> の解散を命令 → 物価を下げるため。

江戸に出稼ぎに来ている農民を村に帰らせる。

海防強化を目指し, 江戸や大阪の周辺を暴領に。
→ 大名や旗本の強い反対で失敗。

外国に対して…異国船打払令をやめ, 来航する外国船に
薪や水を与えて退去させることに。

> **ゴロ**
> え天天気
> 天保のお日がらはよい
> 改革じゃ

> **なぜ!**
> アヘン戦争で, 清がイギリスに大敗したことを知ったから。

結果 2年余りで失敗。幕府の権力の衰えが表面化。

江戸の幕政改革 （ ）の中に言葉を入れましょう。

改革	時期	行った人物
〔 享保 〕の改革	1716年	徳川吉宗
寛政の改革	1787年	〔 松平定信 〕
天保の改革	1841年	〔 水野忠邦 〕

● 薩摩藩（鹿児島県）・長州藩（山口県）など…独自の改革を行い成功 → 雄藩と呼ばれ, やがて幕府に対抗するほどの力をもつ。

(3)新しい学問

● 国学 …仏教や儒教が伝わる前の日本人の考え方を
明らかにしようとする学問。
<u>本居宣長</u> …『古事記』を研究し, 『古事記伝』を著す。
→ 国学を大成。18世紀後半。

幕末の尊王攘夷運動に影響を与える。

> 『古事記』は奈良時代につくられた日本の歴史書。

● 蘭学 …ヨーロッパの学問をオランダ語で研究する学問。
→ 第8代将軍徳川吉宗が, キリスト教に関係のない
洋書の輸入制限を緩めたことから発達し始めた。

<u>前野良沢</u>・<u>杉田玄白</u> ら…オランダ語の
人体解剖書を翻訳した『解体新書』を出版。
→ 蘭学の基礎を築く。18世紀後半。

☆『解体新書』

<u>伊能忠敬</u> …ヨーロッパの技術で全国の海岸線を測量。
→ 正確な日本地図を作製。

> 50歳を過ぎてから, 西洋の天文学や測量術を学び, 約17年かけて, 全国の沿岸を歩いて測量した。

(4)教育の普及

諸藩
<u>藩校</u> …武士の子弟のための教育機関。
→ 人材の育成を図る。

庶民
<u>寺子屋</u> …町や村に多くつくられる。
→「読み・書き・そろばん」など
実用的な知識や技能を教える。

私塾…学者が儒学や蘭学を教える。
適塾…大阪の医者緒方洪庵が開く。
鳴滝塾…オランダ商館の医者シーボルトが開く。

☆寺子屋

---

1)元禄文化

17世紀末から18世紀初めにかけて, <u>上方</u> を中心に栄えた,
経済力をつけた町人を担い手とする文化。

> 第5代将軍徳川綱吉のころ。
> 京都や大阪

● 文学
浮世草子（小説）… <u>井原西鶴</u> が, 町人や武士の生活を
生き生きと描く。『日本永代蔵』など。

俳諧（俳句）… <u>松尾芭蕉</u> が, 俳諧を芸術に高める。
『奥の細道』など。

● 芸能
人形浄瑠璃の脚本… <u>近松門左衛門</u> が, 町人社会の
義理や人情などを題材に描く。『曽根崎心中』など。

歌舞伎…庶民の演劇として発達。

● 絵画
浮世絵 …町人の風俗や役者などを描いた絵画。
菱川師宣が浮世絵の祖。
→ 浮世絵は木版画となり, 民衆の人気を集める。

装飾画…俵屋宗達・尾形光琳らが, 屏風や蒔絵に
大和絵の伝統を生かした新しい装飾画を描く。

風の細道
松尾芭蕉

人形浄瑠璃

歌舞伎

☆見返り美人図
（菱川師宣筆）

> 菱川師宣は, 江戸で活躍した。

2)化政文化

19世紀初めの文化・文政年間に,
<u>江戸</u> を中心に栄えた, 庶民を担い手とする文化。

● 文学
俳諧（俳句） 与謝蕪村…絵画的な作品。
小林一茶…農民の素朴な感情を詠む。

小説…貸本屋ができ, 多くの人に読まれた。
<u>十返舎一九</u> …『東海道中膝栗毛』
曲亭（滝沢）馬琴…『南総里見八犬伝』

狂歌・川柳の流行…幕府政治や庶民の生活を風刺。

> 狂歌…短歌の形式（五・七・五・七・七）。
> 川柳…俳句の形式（五・七・五）。

● 浮世絵
…錦絵と呼ばれる多色刷りの版画 → 大流行

美人画… <u>喜多川歌麿</u>

歌舞伎の役者絵…東洲斎写楽

風景画… <u>葛飾北斎</u> の「富嶽三十六景」
… <u>歌川（安藤）広重</u> の「東海道五十三次」

● 庶民の娯楽の発展
…歌舞伎, 大相撲, 落語が人気を集める。

☆「富嶽三十六景」神奈川沖浪裏
（葛飾北斎画）

元禄文化と化政文化の比較 （ ）の中に言葉を入れましょう。

元禄文化	化政文化
時期…17世紀末～18世紀初め	時期…19世紀初め
場所…〔 上方 〕（京都・大阪）	場所…〔 江戸 〕
中心…町人（大商人など）	中心…町人（庶民）
特色…明るく活気に満ちた文化	特色…皮肉やこっけいによる風刺

(1)イギリス革命

イギリスの政治（王政）
　　国王を元首とする政治

16世紀…国王が議会の協力を得ながら行う。
17世紀半ば…国王が議会を無視し専制を行う。
　　→ 国王と議会は対立。
　　　　↓
◎ ビューリタン 革命が始まる。
　…クロムウェルの指導で議会側が勝利。
　　→ 王政を廃止し、 共和政 樹立。
　　　　国王を処刑した

クロムウェルの死後、王政復活→国王と議会は対立。
　　　　↓
◎1688年、 名誉 革命が始まる。
　…議会は国王を追放し、新たな国王を迎える。
　　→ 権利（の）章典 を定める。
　　　　国王の専制を防ぎ、政治の中心が議会にあることを示した
　　　　↓
　　→ イギリスで立憲君主制（政）と議会政治が確立。

エリザベス1世

議会側に、プロテスタントの活動後（ピューリタン）が多かったため、こう呼ばれる。

国王を処刑せず、流血なしに革命が成功したためこう呼ばれる。

(2)啓蒙思想の広まり

啓蒙思想…合理的な判断に基づき、古くからの慣習や体制を変えようとする考え方。
　→ 17～18世紀、国王の権力の制限と人民の政治参加が唱えられ、市民革命を支える！
　→ 市民革命…支配される側の人々が、自由・平等を目指して、王など支配する側の人々をたおす動き。

ビューリタン革命、名誉革命、アメリカの独立戦争、フランス革命など。

国家の不当な統治に対し、人々には抵抗する権利があると唱えた。

主な啓蒙思想家
◎ ロック（イギリス）…社会契約説と抵抗権を主張。
　『統治二論』（『市民政府二論』）を著す。名誉革命を正当化。
◎ モンテスキュー （フランス）…三権分立を主張。
　『法の精神』を著す。
◎ ルソー （フランス）…人民主権を主張。
　『社会契約論』を著す。

ルソー　ロック　モンテスキュー

(3)アメリカの独立革命

17世紀前半、イギリス…北アメリカの東海岸に植民地をつくる。

18世紀後半、イギリス…植民地への課税を一方的に決定。
　→ 植民地の人々…「代表なくして課税なし」と反対運動。
　　　　↓
◎1775年、 独立戦争 が始まる。
　…植民地側の最高司令官はワシントン。
　　→ 1776年、 独立宣言 を発表。
　　　　民主主義の精神をあらわす
　植民地側が勝利。アメリカ合衆国誕生。
　　→ 1787年、合衆国憲法制定…人民主権、三権分立
　　こののち、ワシントンが初代大統領に就任

いなりなきロックで独立宣言

フランスなどが植民地を支援した。

(4)フランス革命

フランスでは、17世紀後半から 絶対王政 が続く。
　…特権をもつ第一身分（聖職者）と
　　第二身分（貴族）。第三身分（平民）は課税に苦しむ。
　　　　↓
18世紀、アメリカの独立戦争の支援などで財政難に。
　　　　↓
◎1789年、 フランス革命 が始まる。
　　啓蒙思想の影響を受けた人々が立ち上がった
　　→ 国民議会が 人権宣言 を発表。
　　　　平民議員がつくった議会
　　　　↓
王政を廃止し、共和政を開始、徴兵制で軍事力強化。
　　　　↓
◎ナポレオン…1804年、国民投票によって皇帝に。
　　→ 民法（ナポレオン法典）を制定。
　　→ ヨーロッパ諸国を武力で支配。
　普遍的な人権を理想とする、フランス革命の精神が各国に広まる。

国王がすべての絶対的な権力を握る王政

貴族・聖職者・平民（農民や市民）の3つの身分があった。貴族や聖職者は特権が多く、平民だけが税を負担していた。

聖職者　貴族　平民

「人は生まれながらに自由・平等な権利をもつ」と第1条で宣言！

私の辞書に不可能の文字はない！！

(1)産業革命

産業革命…技術の向上による社会全体の変化。
　→ 18世紀後半、 イギリス で始まる。
　　　19世紀にはアメリカ・フランスなどにも広がる
　　　　↓
蒸気機関で動く機械が使われ、工場での大量生産が可能に。
重工業や交通網も発達。
19世紀には、「世界の工場」と呼ばれる。

きっかけは、インド産の綿織物の輸入が増えて、国内で生産するための機械の改良を進めたこと。

蒸気機関車

影響
◎ 資本主義 が広まる…資本家が労働者を雇い、
　利益の拡大を目的に生産する新しい経済のしくみ。
◎社会問題が発生…労働者は 労働組合 を結成。
◎ 社会主義 が広まる…マルクスらによる。
　　労働者を中心とした平等な社会をつくろうとする思想

資本家と労働者の格差が拡大。

(2)欧米諸国の発展

◎アメリカ合衆国
　　南北 戦争…自由貿易や奴隷制をめぐる
　　　　　　アメリカの南部と北部の内戦。
　　→ リンカン 大統領が奴隷解放宣言を出し、北部を勝利
　　に導く。
　　　　↓
工業が発展し、19世紀末に、世界最大の資本主義国に。

◎ロシア…不凍港を求め領土拡大（南下政策）。
　→ イギリス・フランスとの戦いに敗れる（クリミア戦争）。
　→ 中央アジア、中国東北部への進出を目指す。

◎ドイツ…1871年、 ビスマルク の指導でドイツ帝国誕生。
　　　　鉄血宰相

◎フランス…世界で初めて男子 普通選挙 が確立。

◎イギリス…国王に対する議会の力が増し、政党政治が発達。

南部	北部
自由貿易を主張。奴隷制に賛成。	保護貿易を主張。奴隷制に反対。

★南部と北部の対立

人民の人民による人民のための政治
奴隷解放！
リンカン

(3)アヘン戦争

19世紀前半、イギリスが清・インドの間で 三角貿易 を行う。
　→ 清で、銀の流出とアヘンの害が深刻に

三角貿易

◆下の〔 〕に国名を書きましょう。

〔 イギリス 〕　茶、絹を輸入　〔 清（中国） 〕
　　　　銀で支払う
　　　　アヘン密輸
　　　　綿織物　銀　全員
〔 インド 〕

銀が戻ってきたぞ！
アヘン中毒が増えてたいへん！

なぜ？清などとの貿易で赤字になって、代金としての銀が不足したため。

★それまでの貿易（18世紀中ごろ）

茶・絹
イギリス　銀
銀　絹織物
インド
イギリスへの銀の流出が

◎1840年、 アヘン戦争 が始まる。
　…清がアヘンを厳しく取り締まったため、イギリスが起こした
　　　　↓
イギリスが勝利し、 南京条約 が結ばれる。
　　→ イギリスは、香港と多額の賠償金などを得る。
　　→ 清は、5港開港。賠償金のために国民に重税を課す。
　　　　↓
◎1851年、 太平天国 の乱が起こる…指導者は洪秀全。
　　→ 混乱の中、イギリスやフランスなどによる中国侵略が進む。

翌年、清に関税自主権がなく、イギリスに領事裁判権を認める不平等条約を結ぶ。

(4)インドと東南アジアの植民地化

◎インド…19世紀初め、イギリスの東インド会社が支配を拡大。
　　　　　↓
イギリスの安い綿織物が大量に流入し、綿織物業が衰退。
　　インドへの銀の流出が進んだ
　　　　　↓
1857年、 インド大反乱 が起こる。
　　→ イギリスが鎮圧し、インドを直接支配下に置く。
　　　　イギリス国王を皇帝とするインド帝国が成立

◎東南アジア…19世紀には大部分がヨーロッパ諸国の植民地に。

インドでは、伝統的な手織りの綿織物業がさかんだった。

16世紀から続いたムガル帝国は滅びた。

フランス・イギリス・オランダなど

(1)日本の開国

1853年、アメリカ合衆国の使節　ペリー　が浦賀に来航。
幕府に開国をせまる。

> なぜ？
> 日本を、太平洋を横断する貿易船や捕鯨船の寄港地にしようとしたから。

→ 幕府は初めて大名に意見を求め、朝廷にも報告。
　　　　幕府の力の衰え
　　　…以後、雄藩や朝廷の発言権が強まる

……神奈川県

1854年、再び来航したペリーと　日米和親条約　を結ぶ。
…下田（静岡県）・函館（北海道）の2港を開港→　開国

> ゴロ
> 一夜越し 2港開いた 和親条約
> 開国しなさい！
> 鎖国の体制は崩れた。

初代アメリカ総領事ハリスが下田に着任し、
幕府に通商条約を結んで貿易を行うことをせまる。

1858年、　日米修好通商条約　を結ぶ。
…大老井伊直弼が朝廷の許可を得ずに調印。
　　　幕府の臨時の最高職

> なぜ？
> アヘン戦争に負けた清が、イギリス・フランスと戦争して再び負けたことを知ったため。

…函館・神奈川（横浜）・長崎・新潟・兵庫（神戸）の5港を開港。
→ 開港地の外国人居留地で貿易が始まる。
…アメリカに　領事裁判権　を認め、
　日本に　関税自主権　がない、日本に不平等な条約。

> ゴロ
> 不平等 一番こわい 通商条約
> 調印しなさい！ ハリス

1854年・1858年の開港地
（　）の中に言葉を入れましょう。

> 日米和親条約で開いた港…●
> 日米修好通商条約で開いた港…●

> 幕府は、ほぼ同じ内容の不平等条約を、オランダ・ロシア・イギリス・フランスと結んだ。

（　函館　）
新潟
兵庫（神戸）
神奈川（横浜）
（　下田　）
長崎

> 下田は、日米修好通商条約で閉鎖された。

(2)開国の影響

貿易が始まる。
…最大の貿易港は、横浜。最大の貿易相手国は、イギリス。

> なぜ？
> 日本を開国させたアメリカでは南北戦争が始まり、アジアへの進出が遅れたから。

◎イギリスから安くて質の良い綿織物や綿糸を輸入。
→ 国内の生産地は打撃を受ける。

◎金貨（小判）が大量に国外に流出。

> なぜ？
> 開国当初は、外国との金銀の交換比率が違ったから。

→ 幕府が小判の質を落としたため、物価が急上昇。

◎日本からは主に　生糸　を輸出。
→ 国内では品不足や買い占めが起こり、値上がり。
→ 生活用品もつられて値上がり。

[結果]　生活が苦しくなり、民衆は幕府への不満を高める。

(3)尊王攘夷運動の高まり

幕府が朝廷の許可を得ずに通商条約を結んだことで、
尊王論と攘夷論が結び付き　尊王攘夷運動　が高まる。
→ 尊王論…天皇を尊ぶ。
→ 攘夷論…外国勢力の排除を目指す。

> 松崎村塾で、のちの明治維新で活躍する多くの人材を育てた。

吉田松陰

安政の大獄…幕府の政策を批判する雄藩の大名や公家などを
井伊直弼が弾圧。

> 長州藩（山口県）の吉田松陰は、処刑された。

1860年、桜田門外の変
…元水戸藩士らが井伊直弼を暗殺。

大老の暗殺で、幕府の権威は大きく損なわれた

幕府による公武合体策
…朝廷との結び付きを強めて権威の回復を図る。
→ 天皇の妹（和宮）を、第14代将軍徳川家茂の
　夫人に迎える。

和宮　合体！　家茂
天皇　朝廷　幕府

---

(1)薩摩藩と長州藩の動き

◎長州藩（山口県）

> このころの長州藩は尊王攘夷運動の中心。

1863年、関門海峡を通る外国船を砲撃（攘夷の実行）。

翌年、報復として4か国の連合艦隊が下関砲台を攻撃し、占領。
　　イギリス・フランス・アメリカ・オランダ　　下関戦争

> 同じころ幕府は諸藩に命じて長州藩を攻撃し、従わせた。

攘夷の困難をさとる！
　藩の方針を変え始めた
→「攘夷から開国へ」…　木戸孝允　や高杉晋作らが藩の
　実権を握る。

◎薩摩藩（鹿児島県）

> このころの薩摩藩は、幕府側（公武合体策）。

1862年、藩主の父の行列を横切ったイギリス商人を殺害。
　　　生麦事件

> なぜ？
> 大名行列に道を譲らず、馬に乗ったまま横切ったため、無礼であると殺傷された。

翌年、報復としてイギリス海軍が鹿児島を攻撃（薩英戦争）。

攘夷の困難をさとり、　西郷隆盛　や大久保利通が
藩の実権を握り、西洋式の軍備を強化。

◎倒幕への動き

1866年、長州藩と薩摩藩は　薩長同盟　を結ぶ。
…坂本龍馬らの仲立ち。

坂本龍馬
薩長同盟
西郷　木戸

幕府をたおす運動へ。

同年、再び幕府は、長州藩への攻撃を諸藩に命令。

> 同盟を結んだ薩摩藩は従わなかった

→ 失敗し、幕府の威信はさらに低下。

(2)江戸幕府の滅亡

◎民衆の動き…「世直し」を期待

> なぜ？
> 開国後の社会の混乱で、物価が上昇して生活が苦しくなり、社会不安も広がったから。

→ 各地で、大規模な一揆や打ちこわし
　…借金の帳消しや農地の返還を要求。
→ 各地で、人々が「ええじゃないか」と唱え、熱狂して踊る現象。

◎幕府の動き
　　　　　　土佐藩（高知県）のすすめ
大政奉還　…1867年、第15代将軍徳川慶喜が朝廷に政権を返上。
→ 260年余り続いた江戸幕府が滅亡。

> 慶喜は幕府にかわる新政権でも主導権を握ろうと考えた。

◎朝廷の動き
王政復古の大号令
…天皇を中心とする新政府の樹立を宣言。
さらに、慶喜に官職や領地の返上を命じる。

> 慶喜の新政府への参加は認められなかった。

(3)旧幕府側の抵抗

1868年、　戊辰戦争　が起こる。
…旧幕府軍と新政府軍との戦い。

> なぜ？
> 慶喜に対して、官職や領地の返上が命じられたことに不満をもったから。

◎始まり…旧幕府軍が鳥羽・伏見の戦い（京都府）を起こす。
→ 新政府軍が勝利。

◎江戸城無血開城
…江戸城が新政府軍に明け渡される。
→ 西郷隆盛と勝海舟による話し合いで、江戸は戦火を免れる。

◎会津の戦い…旧幕府軍は敗れ、北へ。

◎終結…1869年、函館（北海道）で
旧幕府軍は降伏（五稜郭の戦い）。
→ 新政府軍のもとに国内が統一。

*戊辰戦争

(1)明治維新

明治維新 …江戸時代の幕藩体制から、近代国家に
移る際に進められた政治・経済・社会の変革。

> ゴロ
> 五箇条で 一つやろうや 新政府

- ●1868年3月、五箇条の御誓文 を出す。
  …新しい政治の方針。
  → 翌日、民衆に向けて五つの高札（五榜の掲示）を出す。
- ●江戸を東京と改称、天皇が東京に移る。
- ●元号を明治と改める。

> 世論の募集、国民の一致協力、旧制度の改革、知識を世界に求めることなど。
> 天皇が神に誓う形で
> キリスト教の禁止など

(2)廃藩置県

- ●1869年、版籍奉還 …藩主に土地（版）と人民（籍）を政府に
  返させる → 藩の政治は元の藩主がそのまま担当したため、改
  革の効果は不十分。

- ●1871年、廃藩置県 …藩を廃止して県を置く。
  県には県令、3府には府知事を政府が派遣して治めさせる。
  のちの県知事 東京・大阪・京都

> ゴロ
> 藩といわいの 廃藩置県

中央集権国家の基礎が確立し、年貢はすべて国の収入となる。
政府が強い権限をもち、地方を直接統治する国家

新政府の実権は、倒幕の中心勢力であった薩摩・長州・
土佐・肥前（佐賀県）の4藩の出身者と少数の公家が握る。
→ のちに 藩閥政治（政府）…と呼ばれる。

(3)身分制度の廃止

皇族以外はすべて平等とする。

- ●天皇の一族 → 皇族　●公家と大名 → 華族
- ●武士 → 士族　●百姓と町人 → 平民
- ●解放令（賤称廃止令）…差別されていた えた身分・
  ひにん身分の呼び名を廃止し、平民とする。
  → 差別は根強く続いた。

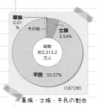

華族 0.01%
その他 士族 5.54%
総数 約3,313.2万人
平民 93.57%
(1872年)
★華族・士族・平民の割合

(4)富国強兵と殖産興業

政府は、国を豊かにして力をつけ、軍隊を強くすることを目指す
富国強兵 の政策を進めた。

> 政府が進める改革を担う人材を、養成するための教育制度。

- ●1872年、学制 を公布。満6歳になった男女を
  小学校に通わせることを国民の義務に。

- ●1873年、徴兵令 …満20歳になった男子に兵役の義務。
  → 国民を兵とする西洋式の軍隊をつくるため。

- ●1873年、地租改正 を実施。
  …土地の所有者（地主）に地価を記した地券を発行し、地価
  の3％を現金で納めさせた。
  → 米の収穫量に左右されないので、政府の税収入が安定。
  → 地租改正反対一揆が起こる。
  1877年、地租は2.5％に引き下げられた

> 3%
> ゴロ
> 人はなみだの 地租改正

> なぜ？
> 農民の負担は江戸時代と変わらず、重かったため。

さらに政府は「富国」実現のため、近代産業の育成を目指して
殖産興業 政策を進めた。
経済の資本主義化が図られた

- ●官営模範工場 を建設…群馬県の富岡製糸場など。
  政府の進んだ技術や機械が取り入れられた

- ●交通を整備…新橋－横浜間に日本初の鉄道が開通。
- ●通信を整備…飛脚にかわる郵便制度、電信網。

> なぜ？
> 輸出の中心だった生糸の増産や品質向上を図るため。

> 渋沢栄一が、建設にたずさわった。

(5)文明開化

文明開化 …明治維新によって、欧米の文化がさかんに
取り入れられたことで始まった伝統的な生活の変化。

> 欧米の文化は、近代国家になるための政策を進める上での土台となった。

- ●衣食住の変化
  …断髪・洋服（コートや帽子）、牛肉を食べる習慣、
  れんがづくりの建物・ガス灯など。
  横浜や神戸など外国人居留地から広がった

- ●暦の変化…太陰暦から 太陽暦 へ。
- ●新しい思想の広まり
  … 福沢諭吉 は『学問のすゝめ』で人間の平等を説く。
  …中江兆民はルソーの思想を紹介。

> ザンギリ頭

(1)岩倉使節団

1871年、岩倉具視が全権大使の 岩倉使節団 を欧米に派遣。

- …木戸孝允・大久保利通ら、政府の有力者の約半数が参加。
- …津田梅子ら5人の女性を含む、40人以上の留学生が同行。

岩倉使節団

- 主な目的の、不平等条約の改正交渉は失敗。
  → 欧米の政治や産業、社会状況の視察に重点を移し、
  メンバーは国力の充実の必要性を痛感。
  帰国後、この結論をもとに日本の近代化をおし進める

> なぜ？
> 法の整備などについて、日本の近代化政策が不徹底なことが理由とされた。

(2)清や朝鮮との関係

- ●清
  1871年、日清修好条規 を結ぶ…対等な内容の条約。

- ●朝鮮…新政府は新たに国交を結ぼうとするが、朝鮮は応じ
  ず。
  → 武力を用いてでも朝鮮に開国をせまる主張の
  征韓論 が高まる…西郷隆盛や板垣退助ら。
  → 欧米から帰国した大久保利通らが反対。
  → 西郷と板垣は政府を去った。

> 朝鮮は、「鎖国」と、東アジアの伝統的な国際関係である中国への朝貢を続けていた。

> なぜ？
> 国内の政治を充実させることが優先と考えたため。

  1876年、日朝修好条規 を結ぶ。
  …江華島事件（1875年）を口実に結んだ
  朝鮮にとって不平等な内容の条約。
  → 朝鮮を力で開国させた。

従韓だ！ VS 国力が先だ！
西郷 板垣 岩倉 大久保

(3)国境と領土の画定

日本は近代的な国際関係にならい、国境を明確に定めた。

> 江華島事件…日本が軍艦を朝鮮に派遣して圧力をかけて起こした武力衝突。

- ●ロシア
  1875年、樺太・千島交換条約 を結ぶ。
  → 樺太（サハリン）はロシア領、千島列島のすべてを日本領
  に。

- ●小笠原諸島
  1876年、国際法に基づいて日本領であることを宣言。
  → 国際的に認められ、日本の領有が決定。

- ● 尖閣 諸島
  1895年、沖縄県への
  編入を内閣で決定。

- ● 竹島
  1905年、島根県への
  編入を内閣で決定。

- 1875年、樺太・千島交換条約で国境を画定。
- 1871年、日清修好条規で正式に国交を開く。
- 1876年、日朝修好条規で開国させる。
- 1895年、尖閣諸島を沖縄県に編入。
- 1905年、竹島を島根県に編入。
- 1879年、琉球藩を廃止して沖縄県を置く。
- 1876年、小笠原諸島を領有。

★明治初期の日本の国境と外交

(4)北海道と沖縄

- ●蝦夷地
  …1869年に 北海道 と改め、開拓使という役所を置く。
  → ロシアの南下政策に対する北方の防備を兼ねて
  開拓と統治を進める。
  → 屯田兵 …開拓の中心。農業兼業の兵士。
  北海道以外の日本各地から移住した士族など

  アイヌの人々は生活の場が奪われ、同化政策が行われる。
  → 1899年、北海道旧土人保護法
  …アイヌの人々の保護を名目に制定されるも差別は続
  く。

- ●琉球王国
  1872年、政府は琉球王国を琉球藩とする。

> 琉球王国は、薩摩藩に支配されながらも、清への朝貢を続けていた。

  台湾で琉球の漂流民が殺された事件を理由に、
  1874年、新政府は台湾に出兵し、清から賠償金を獲得。
  琉球の人が日本国民であることを清に認めさせた

  1879年、軍事力を背景に琉球の人々の反対を抑え、
  琉球藩を廃止して、沖縄県 を設置。

> 清は琉球藩を認めず

> 朝貢する国を失った清は、日本に強く抗議！

1) 自由民権運動の始まりと士族の反乱

● 1874年，__板垣退助__ らが民撰議院設立の建白書を
政府に提出。　←＊議論をめぐり政府を去った

…大久保利通の政治を専制政治であると非難。

…国会の開設を要求。
↓
__自由民権運動__ の始まり。

…国民が政治に参加する権利の確立を目指す。

憲法をつくって国会を開き，国民を政治に参加させるべきと主張したよ。

同じころ，政府の改革に不満を高めていた士族らが，
西日本の各地で蜂起。

● 1877年，西郷隆盛を中心として鹿児島の士族らが，
__西南戦争__ を起こす。

…最大規模の士族の反乱。
↓
徴兵令によって組織された政府軍が鎮圧。
…近代的な軍備を整えていた
↓
→ 以後，
藩閥政府への批判は，言論によるものが中心に。
自由民権運動は，全国に広まる。
…士族中心から，地主（豪農）や商工業者も参加へ

なぜ？ 政府の改革で，俸禄（給与）などの特権を奪われたから。

● 1880年，全国の代表者が集まり __国会期成同盟__ を結成。

…国会開設の請願書を政府に提出。
→ 民間でさまざまな憲法草案が作成される。

全国の自由民権運動の代表者が大阪に集まった。

● 政府が1890年までに国会を開くと約束（国会開設の勅諭）。
↓
国会開設に備え，政党が結成される。

…板垣退助を党首とする __自由党__
…大隈重信を党首とする __立憲改進党__

国会開設をめぐる対立で，政府を辞めさせられていた

これからは政党が必要だ！

(2) 立憲制国家の成立

政府は約束した国会を開設するため，憲法制定を目指した。

__伊藤博文__ …憲法制定の中心となる。

● ヨーロッパへ調査に行き，君主権の強いドイツや
オーストリアの憲法を学ぶ。

● 1885年，__内閣制度__ をつくり，初代内閣総理大臣に就任。
→ 憲法草案を作成し，枢密院で審議を進める。

1889年，__大日本帝国憲法__ が発布される。
　　　←天皇が国民に与えるという形で発布

…「天皇が国の元首として統治する」と定められる。
　←天皇主権

…国民は天皇の「臣民」とされ，法律の範囲内で，言論・
出版・結社・信仰の自由などの権利が認められた。

…帝国議会は二院制。

● __貴族院__ …皇族や華族，天皇が任命した
議員などで構成。

● __衆議院__ …国民が選挙で選んだ議員で構成。
→ 選挙権は，直接国税を __15__ 円以上納める
満 __25__ 歳以上の男子。
　←有権者は，総人口の1.1%

翌年，__教育勅語__ が出される。

…忠君愛国の道徳が示される。
…教育の柱，国民の精神的なよりどころとされる。

1890年，第一回衆議院議員総選挙が行われる。

…自由民権運動の流れをくむ政党（民党）の
議員が多数を占める。

日本はアジアで最初の立憲制国家となる。

主権は天皇だ。ドイツの憲法を手本にしよう。　伊藤博文

天皇は統治権，軍隊の統帥権など，多くの権限をもっていた。

★ 大日本帝国憲法による国のしくみ

---

1) 帝国主義

__帝国主義__ …19世紀後半，欧米の列強がアジアやアフリカな
どへ進出し，軍事力を背景に植民地として支配していった動き。
↓
世界の広い範囲は列強によって分割。
→ 清に進出したイギリスと，南に領土を広げたいロシアは，
東アジアで対立を深めていった。　←南下政策

なぜ？ 列強は，資本主義が発展し，資源や市場を求めていたから。

列強…国際社会で大きな影響をもった国家。イギリス・フランス・ドイツ・アメリカ・ロシアなど。

2) 条約改正

不平等条約の改正は，日本が欧米と国際的に対等な地位を得る
うえで最も重要な課題だった。
→ 岩倉使節団の後も改正への努力は続いた。

● 外務卿井上馨による __欧化政策__ …鹿鳴館で舞踏会を開
く。→ 失敗。　←欧米の習慣を取り入れる政策

● ノルマントン号事件…領事裁判権の撤廃を求める世論が高ま
る。

なぜ？ 日本人乗客を救助しなかったイギリス人船長を，日本側で裁くことができなかったから。

● 1894年，外務大臣 __陸奥宗光__ が領事裁判権の撤廃に成功。
　←日清戦争の直前

● 1911年，外務大臣 __小村寿太郎__ が
関税自主権の完全回復に成功。

3) 日清戦争

1894年，朝鮮で __甲午農民戦争__ が起こる。
…政治改革と，外国人の排除を目指す。
↓
日本と清が朝鮮に出兵。
→ 日本と清の軍隊が衝突。
→ 1894年7月，__日清戦争__ に発展。
→ 日本が勝利。
→ 1895年，__下関条約__ が結ばれる。

なぜ？ 朝鮮政府が清に出兵を求めたため，日本も対抗して出兵した。

ゴロ 一発急所に日清戦争

● __内容__ ● 清は，__朝鮮__ の独立を認める。
● 清は，遼東半島・台湾・澎湖諸島を日本に譲る。
● 清は，賠償金2億両を日本に支払う。

日本は，台湾総督府を設置して植民地化を進めた。

__三国干渉__ …ロシアがドイツ・フランスとともに
日本に対し，遼東半島の清への返還を勧告。

対抗する力のなかった日本はこれを受け入れる。
→ 国民の間でロシアへの反感が高まる。

ロシアは遼東半島の旅順と大連を租借。
←外国の領土を期限付きで借り，事実上支配すること

ドイツ・フランス・イギリスも清の各地に進出。

なぜ？ ロシアは南下政策を進めていて，日本の大陸進出を抑えたかったため。

ちょっと待った！遼東半島は清に返すべきだ　ロシア
☆三国干渉　わかりました！返します…　日本

下関条約で得た領土
（　）の中に言葉を入れましょう。
（ 遼東 ）半島　清　（ 台湾 ）　澎湖諸島　日本

賠償金の一部をもとに，北九州に八幡製鉄所が建設された。

(4) 日清戦争後の日本

日本政府は賠償金をもとに，大規模な軍備拡張と
工業化を進める。　←賠償金の大部分が軍事費に使われた

政府と政党の連携が進み，←軍備拡張で意見が一致
伊藤博文は立憲政友会を結成。

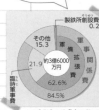
その他 15.3　製鉄所創設費 0.2　軍事拡張費 62.6%　臨時軍事費 21.9　84.5%　約3億6000万円
★ 日清戦争の賠償金の使い道
（『近代日本経済史要覧』）

(1)中国をめぐる動き

1899年、中国で義和団が蜂起…外国勢力の排除を目指す。

> **なぜ？**
> 日清戦争に敗れた後、清への列強の進出が続いていたため。

1900年、　義和団事件　が起こる。

…義和団が北京の各国の公使館を包囲。

→ 列強の連合軍が出兵して鎮圧。

（日本やロシアを中心とする8か国）

> 朝鮮は、清からの独立を宣言し、1897年に国名を大韓帝国（韓国）に改めた。

満州に出兵したロシアは、事件後も大軍を満州にとどめる。

→ 満州に隣り合う韓国を勢力範囲としたい日本と対立。

1902年、日本はイギリスと　日英同盟　を結ぶ。

→ ロシアに対抗。

> **なぜ？**
> ロシアの東アジアでの勢力の拡大を抑えたいイギリスと、日本の利害が一致したから。

日本国内で多くの新聞がロシアとの開戦を主張→世論を動かす。

…幸徳秋水や内村鑑三らは、開戦に反対。

（社会主義者）（キリスト教徒）

(2)日露戦争

> **ゴロ**
> 一つくれよと日露戦争

1904年、　日露戦争　が始まる。

日本は戦力を使い果たし、ロシアでは革命運動が起こる。

→ 両国とも戦争の継続が困難に。

→ 日本海海戦での日本の勝利を機に、アメリカの仲介で講和へ。

（東郷平八郎が指揮）

> 与謝野晶子は日露戦争で出征した弟の身を案じて、「君死にたまふことなかれ」という詩を詠んだ。

1905年、　ポーツマス条約　が結ばれる。

[内容]
- ◎ロシアは韓国における日本の優越権を認める。
- ◎ロシアは旅順・大連を中心とする遼東半島の租借権、長春以南の鉄道利権を日本に譲る。
- ◎北緯50度以南の樺太を日本の領土とする。
（サハリン）

> **なぜ？**
> 日露戦争での死傷者は日清戦争に比べてはるかに多く、さらに国民は、増税に耐えて戦争に協力してきたので。

賠償金が得られないことが分かると、国民の不満が高まる。

→ 東京では暴動に発展（日比谷焼き打ち事件）。

(3)韓国併合、満鉄の設立

1905年、日本は韓国から外交権を奪って保護国とする。

→ 韓国統監府を置く（初代統監は　伊藤博文　）。

韓国の皇帝を退位させ、軍隊を解散させる。

→ 韓国国内で日本に対する抵抗運動が広がり（義兵運動）、1909年、伊藤博文が義兵運動家の安重根に暗殺される。

> **ゴロ**
> いく十年日本韓国を併合す

1910年、　韓国併合　…日本は韓国を併合し、植民地とする。

→ 韓国を「朝鮮」と改称する。

→ 朝鮮総督府を設置し、武力を背景に支配。

→ 学校で日本人に同化させる教育を行う（同化政策）。

（朝鮮の歴史や朝鮮語より日本史や日本語を重視）

1906年、日本は　南満州　鉄道株式会社（満鉄）を設立。

→ 満州への経済進出をねらうアメリカと対立するように。

(4)中華民国の成立

中国で、清をたおして漢民族の独立と近代国家の建設を目指す革命運動が高まる。

…革命の中心は三民主義を唱えた　孫文　。

> 三民主義…
> 民族の独立（民族）
> 政治的な民主化（民権）
> 民衆の生活の安定（民生）
> の3つからなる革命の指導理論。

1911年、　辛亥革命　が起こる。

> **ゴロ**
> 行く人々は辛亥革命

1912年、　中華民国　が建国される。

（アジア最初の共和国）

…孫文が臨時大総統に。首都は南京。

清の実力者袁世凱…皇帝を退位させ、清は滅亡。

→ 大総統となり、首都を北京に移して独裁政治。

袁世凱の死後、中国は各地の軍閥が争い、混乱が続く。

---

(1)日本の産業革命の進展

1880年代後半、日本の　産業革命　は、紡績・製糸などの軽工業を中心に進む。

- ◎紡績業…日清戦争後に綿糸の輸出量が輸入量を上回る。主な輸出先は朝鮮や中国などアジア諸国。
- ◎製糸業…主にアメリカ向けの輸出で発展。日露戦争後には生糸の世界最大の輸出国に。

◎重工業の発展

1901年、　八幡製鉄所　が操業を始める。

> 中国から輸入した鉄鉱石と、筑豊炭田の石炭を使って鉄鋼を生産した。

…日清戦争で得た賠償金をもとに建設。

→ のちの日本の重化学工業発展の基礎になる。

◎交通機関の発展

官営の東海道線が全線開通（1889年）。民営鉄道も発展。

→ 1906年、主要な民営鉄道を国有化。

> **なぜ？**
> 経営の統一や、軍事上の必要から。

◎三井・三菱・住友・安田などの資本家は　財閥　に成長。

…さまざまな業種に進出し、日本経済を支配。

◎社会問題の発生…労働者の低賃金、長時間労働など。

→ 日清戦争後、労働運動が活発化。労働組合が結成され、労働争議が増加。

1911年、工場法…12歳未満の就業禁止、労働時間の制限などを定める→労働者の状況は改善せず。

> 1910年、天皇の暗殺を計画したとして、多くの社会主義者が逮捕され、幸徳秋水らが処刑された（大逆事件）。

◎社会主義運動…日本初の社会主義政党が結成される。

（政府は直ちに解散を命じる）

◎農村の変化…小作人の増加→子どもを工場に働きに出す人、ハワイなど海外に移住する人も現れる。

◎足尾銅山鉱毒事件

　田中正造　が銅山の操業停止や、被害者の救済を訴える。

(2)近代文化の形成

> 欧米の文化が広まった明治時代の初めから、日本の伝統文化の価値が軽視されていた。

◎美術

フェノロサと岡倉天心が日本美術の復興に努める。

→ 日本画の　横山大観　…海外でも高い評価を受ける。

西洋画の　黒田清輝　…印象派の画風を伝える。

（フランスに留学）

彫刻の荻原守衛…欧米風の近代彫刻を制作。

（ロダンに師事）

◎音楽　滝廉太郎…洋楽の道を開く。

（「荒城の月」「花」）

△湖畔（黒田清輝画）

◎文学

二葉亭四迷…話し言葉（口語）を用いて小説を書く。

→ 文語表現にかわり、口語表現が新しい表現として広まる。

正岡子規…俳句や短歌の革新運動を進める。

> この時期、女性の文学者が活躍

日清戦争前後

…自由な感情や個性を重視するロマン主義が主流。

短歌の与謝野晶子、小説の　樋口一葉　など。

（「たけくらべ」）

日露戦争の前後

…社会を直視する自然主義が主流。短歌の石川啄木など。

→ 　夏目漱石　と森鷗外…独自の作風の小説を発表。

（「吾輩は猫である」）

△夏目漱石

> 小学校の就学率は、日露戦争後、100%近くになった。

◎学校教育の普及…国民への教育の基礎が固まる。

義務教育…3・4年から6年に延長。

私立学校（のちの大学）も発展し、女子教育もさかんに。

（津田梅子など）

◎自然科学…19世紀末、世界で最先端の研究を行う科学者の登場。

北里柴三郎…破傷風の血清療法を発見。

　野口英世　…黄熱病を研究。

(1)第一次世界大戦

19世紀末
列強の間の対立。
- ◎ 三国同盟 …ドイツ・オーストリア・イタリア
- ◎ 三国協商 …イギリス・フランス・ロシア
民族の対立。
- ◎バルカン半島…スラブ民族の独立運動がさかん
になり、「 ヨーロッパの火薬庫 」と呼ばれる。
↓
1914年、サラエボ事件が起こる。
スラブ系のセルビア人がオーストリアの皇位継承者夫妻を暗殺
オーストリアがセルビアに宣戦布告。
→ まもなく各国も参戦し、 第一次世界大戦 が始まる。
…同盟国と連合国（協商国）との戦い。
セルビア側についた
↓
初めての世界規模の戦争になる。

- ◎新兵器の登場…戦車・飛行機・毒ガス・潜水艦など。
- ◎ 総力戦 …各国が国力のすべてを戦争につぎ込み、社会
全体を戦争体制に協力させる。

三国同盟と三国協商

◎[ ]の中に国名を入れましょう。

[イギリス]   [ドイツ]

三国協商 VS 三国同盟

フランス ロシア   オーストリア イタリア

> 独立運動を支援するロシアと、半島に勢力を伸ばそうとするオーストリアが対立。

> **ゴロ**
> 行く人死んだ
> 第一次世界大戦

> **なぜ？**
> 列強が、植民地の人々も動員して、アジアやアフリカの一部も戦場になったため。

> イタリアは、オーストリアとの関係が悪化して、連合国側で参戦した。

第一次世界大戦前の国際関係

図中：
- 1902年 日英同盟
- 1907年 日露協約
- 英露協商
- イギリス ロシア
- ドイツ
- オーストリア
- 日本
- フランス イタリア
- 1882年 三国同盟
- 日仏協約
- 露仏同盟
- □三国協商

(2)ロシア革命

第一次世界大戦中のロシアでは、
戦争や皇帝の専制に対する不満が高まった。
↓
1917年、 ロシア革命 が起こる。
- ◎労働者や兵士が代表会議（ソビエト）を結成、皇帝は退位。
その後成立した臨時政府も戦争を続ける。
- ◎社会主義を目指す レーニン らが臨時政府をたおし、
ソビエト中心の新政府を樹立。
…世界初の社会主義の政府
↓
革命への干渉
シベリア出兵 …日本・アメリカ・イギリス・フランスな
どがシベリアに軍隊を派遣。
→ 失敗。
↓
1922年、 ソビエト社会主義共和国連邦（ソ連） が成立。
↓
レーニンの死後、スターリンが指導者になる。
→ 五か年計画 …重工業の増強と農業の集団化を強
行。　1928年から始めた計画経済

> **なぜ？**
> 食料や燃料の不足が深刻になる中、皇帝は戦争を続けたから。

> 世界で初めての社会主義の政府だ!!
> レーニン

> ソビエト政権は、ドイツと単独講和を結び、第一次世界大戦を離脱した。

> **なぜ？**
> 旧ロシア軍の戦争復帰への期待と、社会主義の拡大を抑える目的のため。

(3)第一次世界大戦と日本

日本は 日英同盟 に基づいてドイツに宣戦布告。
…連合国側で第一次世界大戦に参戦。
↓
1915年、中国に 二十一か条の要求 を示す。
→ 大部分を強引に認めさせる。
[内容] ◎日本が山東省の権益をドイツから引き継ぐ。
◎旅順・大連の租借期限を延長する。　など。
リュイシュン ターリエン
↓
中国は強く反発、反日運動が本格的に始まる。

> **なぜ？**
> 列強の関心がヨーロッパにある隙に、日本は中国に勢力を伸ばそうと考えた。

> **ゴロ**
> 人食い殺す
> 二十一か条の要求

1)ベルサイユ条約

1918年、第一次世界大戦は、 連合 国側の勝利で終わる。
↓
1919年、パリ講和会議が開かれる。
- ◎ ベルサイユ条約 が結ばれる。
…連合国とドイツとの講和条約。
[内容] ドイツは、巨額の賠償金と軍備縮小を科され、全て
の植民地と本国の領土の一部を失う。
- ◎アメリカのウィルソン大統領が 民族自決 の原則を唱
える。
→ 東ヨーロッパで多くの民族が独立。
→ アジアやアフリカでは植民地支配が続く。

> **ゴロ**
> パリへ行く行く
> ベルサイユ条約

> こんなにたくさん…

> 民族は、そのありかや進む方向を、自分たちで決める権利があるという考え。

2)国際連盟と国際協調

1920年、 国際連盟 がジュネーブ（スイス）を本部に発足。
パリ講和会議でのウィルソン大統領の提案による
…世界平和と国際協調を目的とする、世界初の国際機関。
…常任理事国は、日本・イギリス・フランス・イタリア。

- ◎アメリカは議会の反対で加盟せず。
- ◎最初は、敗戦国や社会主義国のソ連は加盟が認められず。
…国際紛争の解決のための手段が限られていた。
→ 影響力は弱かった。

1921～22年、 ワシントン会議 が開かれる。
…アメリカの呼びかけ。
[内容] ◎海軍の軍備を制限（ワシントン海軍軍縮条約）。
◎中国の独立と領土の保全を確認。
◎日英同盟は解消、山東省での日本の権益は返還。
シャントン
→ 1920年代は国際協調の時代に。

> **ゴロ**
> ピックまるめて
> 国際連盟

> 第一次世界大戦で消耗したヨーロッパ諸国に代わり、アメリカが世界経済の中心になり、政治面での発言力も強めた。

(3)民主主義の拡大

戦後のヨーロッパ
- ◎普通選挙による議会政治の拡大。
- ◎多くの国で女性が職業と選挙権を得る。

1919年、ドイツで ワイマール憲法 を制定。
- ◎国民主権、男女普通選挙、労働者の団結権などを定める。
- ◎当時、世界で最も民主的な憲法。

1924年、イギリスで初の労働党内閣が成立。

> **なぜ？**
> 総力戦を支えた国民の、政治への要求に応える政策を進めたから。

> 初めて社会権を認めた憲法として知られる。

(4)アジアの民族運動

◎中国
1919年、 五・四運動 が起こる。
…反日運動から、帝国主義に反対する全国的な運動へ発展。

孫文は中国国民党を結成。
スンウェン
→ 中国共産党と協力して国内統一を目指す。
1921年結成

◎朝鮮
1919年、 三・一独立運動 が起こる。
…知識人や学生が京城（ソウル）で日本からの独立を宣言。
→ 朝鮮総督府が武力で鎮圧。
日本政府は統治方針を転換するが、独立運動は続いた。
朝鮮の人々の権利を一部認める　同化政策は進めた
などした　　　　　　　　　　ため

◎インド
イギリスは、インドに自治を与えるという約束と引き換えに、
第一次世界大戦の戦場にインド人兵士を動員。
→ 戦後、イギリスは約束を守らず、民族運動を弾圧。
↓
ガンディー の指導で非暴力・不服従の抵抗運動が
高まる。　　　イギリスに対して、完全な自治を要求した

> 1919年5月4日に起こった。

> **なぜ？**
> パリ講和会議で二十一か条の要求の取り消しや、山東省の権益の返還を求めたが拒絶されたため。

> 民族自決の考えの影響を受けた人々が、「独立万歳」を叫んでデモ行進を行った。

> 非暴力
> 不服従
> ガンディー

(1)政党内閣の成立

◎1912年、第一次　護憲運動　が起こる。
…憲法に基づく政治を守ることをスローガンとする運動。

↓

運動は盛り上がり、桂内閣は退陣。

> **なぜ?** 藩閥出身の桂太郎内閣が、議会を無視して政治を進めたため。

◎　大戦景気　…第一次世界大戦による日本の好景気。
→ 連合国やアメリカへの軍需品や工業製品の輸出が増加。
→ 欧米からの輸入が止まったことで重化学工業が成長。
→ 財閥はさらに力をつけた。（明治以来日本経済の中心）

> 急に金持ちになる「成金」が現れた。

> **なぜ?** シベリア出兵で、軍が米を大量購入すると予想した商人たちが、米を買い占めたから。

好景気で物価が上がり、民衆の生活は苦しくなる。
さらに1918年、米の価格が急上昇。

↓

米の安売りを求める　米騒動　が全国に広がる。
→ 政府は軍隊を出動させて鎮圧。寺内正毅内閣は退陣。
→ 立憲政友会の　原敬　が内閣を組織。
…日本で最初の本格的な政党内閣。（陸軍・海軍・外務大臣以外の閣僚は立憲政友会の党員で構成された）

> **ゴロ** 富山県の漁村から始まった
> 1918 人食いはぐれて 米騒動

> **ゴロ**（画像内）

原敬

(2)大正デモクラシーの思想

◎　大正デモクラシー　…大正時代を中心に民主主義（デモクラシー）が強く唱えられた風潮。
→ 吉野作造が　民本主義　を唱える。
…普通選挙による、政党中心の議会政治の実現を主張。
→ 美濃部達吉が天皇機関説を唱える。
… 天皇は国家の最高機関で、憲法に従い統治するという学説。

> 大正デモクラシーを理論的に支える。

(3)社会運動の広がり

第一次世界大戦後、社会運動が活発になり、社会主義の思想も広まった。

◎労働運動…労働者が団結して労働組合をつくり、経営者に待遇改善などを求めて　労働争議　を起こす。

◎農民運動…小作人が、地主に小作料の減額などを求めて　小作争議　を起こす。

◎女性運動…　平塚らいてう　らが新婦人協会を設立。
→ 女性の政治活動の自由、女子高等教育の拡充などを訴える。

◎差別に苦しむ人々
…1922年、被差別部落の人々は　全国水平社　を結成。
→ 自力で差別からの解放を目指す。

> 女性の地位の向上を！
> 記者
> 平塚らいてう

> らいてうは、1911年に青鞜社を結成し、女性の解放を唱えてきた。

(4)普通選挙の実現

1924年、第二次護憲運動が起こり、加藤高明が政党内閣を組織。

↓

1925年、　普通選挙法　が成立する。
…満　25　歳以上のすべての男子に選挙権。（納税額の制限を廃止）

> 有権者が約4倍に増える

1925年、　治安維持法　が成立する。
…共産主義などを取り締まる。のちに対象が社会運動全体に。

> **ゴロ** 行くぞニコニコ 普通選挙

> 女子には選挙権は与えられないままだった。

(5)大正時代の文化

◎一般大衆に向けた大衆文化が発展。
→ 新聞・雑誌・書籍など、活字文化が広がる。
→ 1925年、　ラジオ放送　が始まる…新聞と並ぶ情報源に。

◎文学…志賀直哉（白樺派）、小林多喜二（プロレタリア文学）、芥川龍之介（『羅生門』など）。

> 労働者の生活を描く

◎都市の生活…欧風の応接室のある「文化住宅」が流行。
バスガール・電話交換手など女性の社会進出が進む。

> ★関東大震災
> 1923年9月1日、東京・横浜（神奈川県）を中心に大地震が起こった。その復興の中で、道路を広くするなど計画的な街づくりが進められた。

---

(1)世界恐慌の始まり

第一次世界大戦後、アメリカは世界経済の中心として繁栄。
→ ヨーロッパ諸国の生産が回復すると、生産過剰に。

↓

1929年10月、アメリカのニューヨークの株式市場で株価が大暴落。
→ 世界中に不景気が広がり、　世界恐慌　となる。

> 借金
> **ゴロ** 借金が ひどくふくらむ 1929 世界恐慌

> **なぜ?** アメリカは、ヨーロッパ諸国の復興資金など、多くの国に資金を貸していたため。

(2)各国の動き

◎アメリカの対策　ニューディール　（新規まき直し）政策。
…ローズベルト大統領が進める。
…積極的に公共事業を起こして失業者を助け、労働組合を保護。

◎イギリス・フランスの対策　ブロック　経済。
…本国と植民地の貿易を拡大、他国の商品を締め出す。（高い関税をかけた）

◎ソ連…独自の計画経済のため、恐慌の影響を受けなかった。（五か年計画）

> 植民地の少ないドイツ・イタリア・日本は、独自のブロック経済をつくろうと、新たな領土の獲得を始める。

(3)ファシズムの台頭

　ファシズム　…個人の自由や民主主義を否定し（全体主義）、対外的には軍事力での領土拡大を目指した政治体制。→ イタリアやドイツで台頭。

◎イタリア
　ムッソリーニ　率いるファシスト党が政権を握る。
→ 世界恐慌で経済が行きづまり、エチオピアを侵略。（1936年、併合）

◎ドイツ
　ヒトラー　を党首とするナチスが政権を握る。
→ ユダヤ人を迫害。（国家社会主義ドイツ労働者党）
→ ワイマール憲法停止。国際連盟脱退。再軍備を進める。（ベルサイユ条約を無視した）

（グラフ）
280 260 240 220 200 180 160 140 120 100 80 60 40 20
ソ連 日本 ドイツ アメリカ
アメリカ台頭
1927年 1929 1931 1933 1935
★1929年前後の鉱工業生産指数
鉱工業生産指数 1929年を100とする 1935年 254.1

各国の動き

> [ ]の中に国名を入れましょう。

ニューディール政策
公共事業をおこし失業者を減らそう
ローズベルト大統領

ブロック経済
本国
植民地 植民地
本国と植民地の結びつきを強化！

ファシズム
ヒトラー
民主主義は無視！
軍事力を強化する！
ムッソリーニ

（　アメリカ　）　（　イギリス　）や フランス　（　ドイツ　）や イタリア

(4)日本の不景気

第一次世界大戦後から不景気が続き、1923年の　関東大震災　は、日本経済にさらに大打撃を与えた。

> **なぜ?** 一部の銀行の経営状態が悪いと伝えられ、多くの人が銀行に殺到して預金を引き出したため。

1927年、金融恐慌…多くの銀行が休業に追い込まれる。
1930年、　昭和恐慌　…世界恐慌の影響による。
→ 都市では、多くの企業が倒産、失業者が増大。
→ 農村では、農作物の価格の暴落で生活苦に。
→ 東北地方と北海道は、冷害で大凶作に。

労働争議や小作争議が激しさを増す。
財閥と結びつく政党への不信が高まる。

> 恐慌の影響に急増！

（グラフ）
8000件 6000 4000 2000
小作争議
労働争議
1920 25 30 35 40年
★小作争議と労働争議の発生件数

(5)協調外交の行きづまり

　浜口雄幸　内閣…ロンドン海軍軍縮条約に調印。（立憲民政党の内閣）
→ 軍縮によって国民の負担を減らすため、イギリスやアメリカとの協調を図る。
→ 一部の軍人や国家主義者が批判。首相は狙撃され辞任。

> 浜口内閣は、中国との関係も改善しようとした。

(1)満州事変

将介石…孫文の死後、中国国民党を率いる。
→ 1927年、南京に国民政府をつくり、翌年、中国をほぼ統一。

日本から満州の権益を取り戻そうとする動きが強まる。

1931年、満州事変…関東軍が奉天郊外の柳条湖で南満州鉄道の線路を爆破し、軍事行動を開始。満州全体を占領する。
→ 中国側の仕業とした

ゴロ
1 9 3 1
侵略の 遠つき進む
満州事変

1932年、満州国を建国…日本が実質的に支配。
→ 日本国内では、新聞や民衆が軍の行動を支持。
→「昭和恐慌」に苦しんでいた

資源が豊かな満州を支配することで、不景気を解決しようとする考えが広まった。

中国は、日本の軍事行動を侵略であると国際連盟に訴える。

国際連盟は満州国を認めず、日本軍に占領地からの撤兵を勧告。

1933年、日本は国際連盟を脱退→国際的な孤立を深める。

(2)軍部の発言力の高まり

軍人や国家主義者の間で、政党や財閥をたおして軍事政権をつくり、国家をつくり直そうという動きが活発になった。

ゴロ
1 9 3 2
いくさになるぞ
五・一五事件

◎ 五・一五事件
…1932年5月15日、海軍の青年将校らが犬養毅首相を暗殺。
→ 議会政治を守ろうとしていた

政党内閣の時代が終わり、軍人が首相になることが多くなる。

1924年の加藤高明内閣から、衆議院で多数を占める政党が内閣をつくる慣例「憲政の常道」が続いたが、五・一五事件で終わった。

◎ 二・二六事件
…1936年2月26日、陸軍の青年将校が大臣などを殺傷し、東京の中心部を占拠。
→ まもなく鎮圧された

ゴロ
1 9 3 6
ひどく寒い日
二・二六事件

軍部は政治的発言力を強め、軍備増強を進める。

◎経済の回復と重工業化…1930年代、日本は不景気から立ち直る。
→ 軍需品の生産と政府の保護で、重化学工業が発展。
→ 新しい財閥が急成長し、満州や朝鮮に進出。

輸出が増えて、ブロック経済をとる列強との間で貿易摩擦が深刻になった。

(3)日中戦争

1937年7月、北京郊外の盧溝橋で起こった日中両軍の武力衝突をきっかけに、日中戦争が始まる。
→ 盧溝橋事件

◎中国の動き
1937年9月、内戦を続けていた将介石が指導する国民党と毛沢東が率いる共産党が、抗日民族統一戦線を結成。
→ 日本との戦争のために協力。

内戦はやめ場合じゃない
休戦しましょう。
毛沢東

◎日本の動き
1937年末、首都南京を占領…多くの中国人を殺害。
→ 南京事件

◎アメリカ・イギリス・ソ連は中国を支援→戦争は長期化。

(4)戦時体制の強化
→ 戦争を続けることを最優先させた国の体制

◎ 国家総動員法を制定（1938年）…政府が議会の承認なしに、戦争に必要な労働力や物資を動員できるとした法律。

ゴロ
1 9 3 8
いくさは続く総動員。

◎ 政党は解散し、大政翼賛会に合流…戦争に協力するため。

◎ 国民生活への統制…軍需品の生産が優先。
→ 米・砂糖・マッチ・衣料品などは配給制や切符制に。
→ 町内会に隣組…政府の政策を伝え、住民を互いに監視。

◎ 皇民化政策…朝鮮で、日本語の使用や神社参拝の強要、姓名を日本式に改めさせる創氏改名などが進められる。

小学校は国民学校と改称されて、軍国主義的な教育が行われたよ。

---

(1)第二次世界大戦

◎大戦の始まり
ドイツ
→ 1938年、オーストリアと、チェコスロバキアの西部を併合。
→ 1939年8月、ソ連と独ソ不可侵条約を結ぶ。
→ 互いに攻めないことを約束

なぜ？
ドイツはイギリス・フランス、ソ連は日本との戦いにそれぞれ専念するため。

→ 1939年9月、ポーランドに侵攻。
◎ イギリス・フランスがドイツに宣戦布告。
… 第二次世界大戦が始まる。

ゴロ
1 9 3 9
いくさ苦しい
第二次世界大戦
第二次だ…

◎戦争の拡大
1940年、ドイツがパリを占領し、フランスは降伏。
→ ドイツの優勢をみて、イタリアがドイツ側に参戦。
→ 1941年6月、独ソ不可侵条約を破り、ドイツがソ連に侵攻。

1941年8月、アメリカとイギリスが大西洋憲章を発表。
→ ドイツに対抗する決意と、戦後の平和構想を示す

□ 枢軸国
□ 中立国
1942年の枢軸側の最大支配地および占領地
★第二次世界大戦中のヨーロッパ

(2)ドイツの占領政策

ドイツは、ヨーロッパのほとんどを支配下に置き、各地で厳しい占領政策を行う。

◎反抗する者への弾圧、物資を取り上げる、住民をドイツに連行して働かせる。
◎ユダヤ人を迫害…各地の強制収容所に送り、労働させ、殺害。
→ アウシュビッツ（ポーランド）など

占領地で、抵抗運動（レジスタンス）が行われる。
…ドイツ軍の作戦の妨害や、迫害された人々を助けるなど。

ヨーロッパのユダヤ人約900万人のうち、約600万人が亡くなった。

(3)日本の南進
→ 東南アジアへ軍を進めた

目的…石油やゴムなどの資源を獲得するため。
また、アメリカやイギリスの中国への援助を断ち切るため。
→ 援蒋ルート

1940年、日独伊三国同盟を結ぶ。
…日本・ドイツ・イタリアは結束を強める。

→「大東亜共栄圏」の建設を主張…日本を指導者に、植民地支配をする欧米を追い出し、アジアの民族だけで繁栄を目指す。

1941年、ソ連と日ソ中立条約を結ぶ。
…北方の安全を確保し、さらに南進。

アメリカとの対立が深まる。
→ 日本への石油などの輸出を禁止。
→ イギリスやオランダも同調し、日本は経済的に孤立（ABCD包囲陣）。

日米交渉の決裂
…アメリカが、日本軍の中国や東南アジアからの全面撤兵を要求。
→ 東条英機内閣はアメリカとの戦争を決定。

アメリカ（America）、イギリス（Britain）、中国（China）、オランダ（Dutch）の頭文字をとってABCDと囲陣。

★太平洋戦争直前の日本の国際関係

第二次世界大戦
（ ）の中に国名を入れましょう。
［ イギリス ］ ［ ドイツ ］
ドイツに宣戦する!! VS
許せん!!
フランス 連合国 アメリカ
日本 枢軸国 イタリア

反ファシズムのイギリス・フランス・アメリカを連合国、連合国と戦ったドイツ・イタリア・日本を枢軸国という。

(1)太平洋戦争の始まり

1941年12月8日,
日本軍はイギリス領のマレー半島に上陸するとともに,
アメリカ海軍基地があるハワイの真珠湾を攻撃。
→ 太平洋戦争 が始まる。

ゴロ
行くよいちずに
真珠湾

ドイツ・イタリアも,アメリカに宣戦布告。
→ 第二次世界大戦は,世界規模の戦争に拡大。

日本軍は短期間のうちに,東南アジアから南太平洋の地域を占領。

1942年,ミッドウェー海戦で敗北。
→ 日本軍の攻勢は止まり,長期戦へ。

(2)戦時下の暮らし

◎ 学徒出陣 …兵力が不足し,それまで徴兵されなかった大学生などが戦場へ送られた。

◎ 勤労動員 …労働力が不足し,中学生・女学生などが軍需工場などで働かされた。

勤労動員

空襲

◎ 学童疎開（集団疎開）…空襲を避けるため,都市の小学生が親元を離れ集団で農村などに移った。

空襲をさけて疎開するのは

学童疎開
（集団疎開）

(3)植民地と占領地

日本は植民地や占領地からも動員を行った。

◎朝鮮人や中国人…日本各地の鉱山や工場などに連れて行き,低賃金で厳しい労働を強制した。
→ 戦争末期には,朝鮮や台湾でも徴兵制を導入。

◎東南アジア…労働を強制し,物資を取り上げた。
現地の住民の日本に対する期待はしだいに失われた

人々は,当初,日本に植民地からの解放を期待していた。

(4)イタリアとドイツの降伏

1942年より,連合国が反撃を開始,アメリカが中心となって枢軸国を追いつめた。

アメリカには,巨大な経済力と軍事力があった。

◎1943年2月,ソ連軍がドイツ軍を撃破。
9月,イタリアが降伏。
ムッソリーニは失脚した

◎1944年8月,連合国軍がパリをドイツから解放。

◎1945年2月,ヤルタ 会談
…アメリカ・イギリス・ソ連が,ソ連の対日参戦と南樺太と千島列島をソ連領とすることなどを密約。
参戦の見返り

〜ヤルタ会談〜
ソ連
イギリス　アメリカ

◎1945年5月,ドイツが降伏。
ヒトラーは自殺した
↓
ヨーロッパでの戦争が終わった。

(5)日本の降伏(1945年の動き)

◎3月,東京 大空襲…都市の無差別爆撃が本格化。
アメリカ軍が沖縄に上陸。
→ 民間人を巻き込んだ地上での戦闘が行われる。
約60万の県民のうち,約12万人が犠牲に

◎7月,連合国が ポツダム宣言 を発表
…日本の無条件降伏などを求める→ 日本は黙殺。

◎8月6日,アメリカが広島に, 原子爆弾(原爆) を投下。
8日,日ソ中立条約を破ってソ連が宣戦布告。
ヤルタ会談での密約に基づく

満州,朝鮮,千島列島に侵攻してきた。

◎9日,アメリカが長崎に,原子爆弾を投下。

◎8月14日,ポツダム宣言を受け入れ,降伏することを決める。
→ 15日,昭和天皇がラジオ放送で国民に知らせる。
玉音放送

ゴロ
終わった

武装解除によろこび
大戦終結

第二次世界大戦が終わる。

(1)占領下の日本

敗戦後の日本…ポツダム宣言に基づき,植民地はすべて失った。
◎領土…北海道・本州・四国・九州と周辺の島々に限られる。
◎沖縄・奄美群島,小笠原諸島…アメリカ軍が直接統治。
◎北方領土…ソ連が不法に占拠。

植民地や占領地から,約600万人の日本人が帰国した。

◎シベリア抑留…満州などでソ連に捕らえられた約60万人が,シベリアで強制労働をさせられた。

◎中国残留日本人孤児…中国で多くの子どもたちが孤児となり,中国人に養育された。

なぜ?
ソ連の侵攻に伴う混乱で肉親と生き別れたため。

国民生活…空襲で多くの人が住宅を失った。
…復員や引き揚げで人口が増え,失業者があふれた。
…食料不足はとくに深刻だった。

都市の人々は農村への買い出しや,非合法な「闇市」で,食料を手に入れた。

(2) GHQによる占領政策

アメリカ軍を主力とする連合国軍が日本を占領。
…日本の非軍事化と民主化(戦後改革)を進める。
→ 連合国軍最高司令官総司令部（ GHQ ）の指令で,日本政府が実施。最高司令官は マッカーサー 。

非軍事化
◎軍隊を解散,戦争中に重要な地位にいた人を公職から追放。
◎ 極東国際軍事裁判 …戦争犯罪人(戦犯)を処罰。
東京裁判
軍人や政府の指導者

◎昭和天皇が「人間宣言」を発表。
…天皇が神の子孫であることを否定。

女性に参政権が認められた。

民主化
◎日本の経済を支配してきた 財閥 を解体。
◎選挙法の改正…満 20 歳以上の男女に選挙権。

初めてだわ

◎ 農地改革 を実施…小作地を政府が強制的に買い上げ,小作人に安く売る→ 多くの自作農が生まれる。

(3)日本国憲法の制定

民主化の中心は憲法の改正だった

日本政府はGHQが作成した草案をもとに,改正案を作成し,帝国議会で審議・修正。

1946年11月3日, 日本国憲法 を公布。
1947年5月3日に施行。
憲法記念日

◎基本原理… 国民 主権,
基本的人権 の尊重, 平和 主義。
◎天皇…統治権を失い,国と国民統合の象徴に。
◎国民を代表する国会が国権の最高機関となる。
◎議院内閣制の導入…内閣が国会に責任を負う。

ゴロ
とくによろしい
日本国憲法

民法…男女平等に基づく新たな家族制度が定められる。
日本国憲法の制定に伴い改正された

1947年, 教育基本法 の制定…民主主義の教育の基本を示す。

教育勅語は失効した。

◎面積の割合

◎農家の割合

★農地改革による変化

日本政府がつくった改正案は大日本帝国憲法とほとんど変わらなかったから,GHQが代案を示したのさ。

憲法の比較

（　）の中に言葉を入れましょう。

大日本帝国憲法		日本国憲法
天皇が決める憲法	性格	国民が決める憲法
〔 天皇 〕	主権者	〔 国民 〕
法律の範囲内で,自由や権利を認める	国民の権利	〔 基本的人権 〕を保障
天皇に協賛する機関	議会・国会	国権の最高機関
天皇を補佐する	内閣	議院内閣制
天皇の名において裁判	裁判所	司法権は独立

マッカーサー

(1)国際連合の設立

第二次世界大戦中、連合国は国際連合憲章を定める。

↓

1945年10月、 国際連合(国連) が発足。
…二度の世界大戦への反省からつくられる。
…国際社会の平和と安全を維持する機関として安全保障理事会を設置。
→ 常任理事国は、アメリカ・イギリス・フランス・ソ連・中国。

> なぜ？
> 戦争を防ぐための新たな国際組織が必要だと考えたため。

> 重要な議題は、5か国のうち、一国でも反対すると議決できないのだ(拒否権)。

(2)冷戦の始まり
国際連盟は長く続かなかった

戦後、ソ連が東ヨーロッパ諸国を支配したのに対抗し、アメリカが西ヨーロッパ諸国を支援。

↓

世界は、アメリカを中心とする資本主義の西側と、ソ連が率いる共産(社会)主義の東側の2つの陣営に分裂
… 冷たい戦争(冷戦) の始まり。
両陣営は直接戦争はしないものの、激しい対立を続けたためこう呼ぶ

1949年、ドイツが東西に分かれて独立。
→ 資本主義国の西ドイツと、共産(社会)主義国の東ドイツ。
ドイツ連邦共和国 *ドイツ民主共和国*

> なぜ？
> 戦後、ドイツは西側をアメリカ・イギリス・フランスに、東側をソ連に占領されていた。

軍事同盟

●1949年、アメリカは
北大西洋条約機構 (NATO) を結成。
対立
●1955年、ソ連は
ワルシャワ条約機構 を結成。

★冷戦下のドイツとベルリン

> 1961年、東ドイツは、西ドイツの飛び地であった西ベルリンを取り囲む、ベルリンの壁を築いた。

(3)朝鮮半島と中国の動き

朝鮮半島

1948年、冷戦を背景に、2つの国家が誕生。
●南側…戦後、アメリカが占領
→ 大韓民国(韓国) が成立。
●北側…戦後、ソ連が占領
→ 朝鮮民主主義人民共和国(北朝鮮) が成立。

> 北緯38度線を境とした。

1950年、 朝鮮戦争 が始まる。
→ 韓国をアメリカなどの国連軍、北朝鮮を中国の義勇軍が支援。

↓

1953年、休戦協定が結ばれる。
以後も南北の対立は続き、現在もまだ終戦していない

> ゴロ
> 行く号令出た
> 朝鮮戦争

中国

日本の敗戦後、アメリカが支援する国民党とソ連が支援する共産党の間で内戦が再発。

↓

共産党が勝利し、1949年、 中華人民共和国(中国) が成立。
…主席は毛沢東。
→ 蒋介石が率いる国民党は台湾に逃れる。

(4)植民地支配の終わり

アジア・アフリカ

第二次世界大戦後、植民地支配を受けていた多くの国が独立。
→ 冷戦からの中立を求める動き(非同盟主義)が生まれる。

1960年、アフリカで17か国が独立、「アフリカの年」と呼ばれる。

南北問題 が残される。
…発展途上国と先進工業国との経済格差の問題。
飢餓や紛争に苦しむ国も多い

> 発展途上国が地球の南側に多く、先進工業国が地球の北側に多いことからこう呼ばれる。

---

(1)占領政策の転換と独立の回復

占領政策の転換…非軍事化・民主化より経済復興を重視へ。

> なぜ？
> 冷戦が激しくなるとアメリカは、日本を西側陣営の強力な一員にしようと考えたため。

朝鮮戦争中の日本
●GHQの指令で、警察予備隊を設置。
→ 1954年に 自衛隊 となる。
●アメリカ軍向けに大量の軍需物資を生産。
→ 特需景気 (朝鮮特需)を迎え、戦後復興が早まる。

> なぜ？
> 在日アメリカ軍が出兵したあとの、国内の治安維持のため。

1951年、吉田茂内閣は、アメリカなど48か国と、
サンフランシスコ平和条約 を結ぶ。
→ 翌年、日本は独立を回復。
条約の発効
→ 沖縄・奄美群島・小笠原諸島は引き続きアメリカの統治下に。
1953年に返還 *1968年に返還*

> ゴロ
> 行くよ来いよと講和の会議

同時に、 日米安全保障条約(日米安保条約) を結ぶ。
→ アメリカ軍基地は、引き続き日本国内に残された。
日本の安全と東アジアの平和を守るという理由から

サンフランシスコ平和条約に調印する吉田茂首相
(Mary Evans/PPS 通信社)

(2)55年体制と安保闘争

1954年、アメリカの水爆実験で日本の漁船第五福竜丸が被ばく。
→ 原水爆禁止運動が全国に広がる。
放射線を出す「死の灰」を浴びる

1955年、 55年体制 が始まる。
…自由民主党(自民党)が、野党第一党の社会党と対立しながら
保守勢力、アメリカを支持 *革新勢力、アメリカを批判*
38年間、政権をとり続ける。

> 冷戦中、アメリカとソ連は激しい核兵器開発競争を展開していた。

1960年、日米安保条約の改定をめぐり、対立は頂点に。
→ 岸信介内閣は条約に調印、衆議院で批准を強行採決。
→ 激しい反対運動(安保闘争)が起こる。
日本がアメリカの軍事行動に巻き込まれる危険があると訴えた

(3)緊張緩和の進展

●アジア・アフリカの国々の動き
1955年、 アジア・アフリカ会議
…植民地支配から独立した29か国が参加。
→ 冷戦を続ける東西両陣営に対して、中立の立場から植民地支配の反対、冷戦下の緊張緩和・平和共存を訴える。

> インドネシアのバンドンで開かれた。

●キューバ危機(1962年)
ソ連によるキューバでのミサイル基地建設に対抗し、アメリカが海上封鎖。
→ 米ソ間で、核兵器による全面戦争の危機が高まる。

↓

ソ連がアメリカの要求を受け入れ、ミサイルを撤去。
→ 以後、緊張緩和が進む。

> 冷戦中は、キューバ危機のような核戦争が起こる危険をはらんだ局面が何度もあったんだ。

● ベトナム戦争
中国とソ連が支援する北ベトナムや南ベトナム解放民族戦線と、南ベトナム政府を支援するアメリカが戦う。

↓

1965年、激化。
…アメリカが北ベトナムへの爆撃と軍の派遣を行う。
→ 世界各地で反戦運動が高まる。

1973年、アメリカは撤兵。
1976年、南北統一一ベトナム社会主義共和国が成立。

緊張緩和はアジアにも広がる。

●西ヨーロッパ諸国
経済統合を進め、アメリカやソ連中心の国際社会で発言力を高めることを目指す。
1967年、ヨーロッパ共同体(EC)を設立。
→ 東ヨーロッパ諸国との関係を改善していく。

(1)日本の外交関係の広がりと沖縄復帰

1956年, **日ソ共同宣言** …日本とソ連の国交が回復。

→ 北方領土問題は未解決。

└ソ連がすべての北方領土の返還に応じなかった

> それまでのソ連は，日本の国際連合への加盟を拒否していた。

同年，ソ連の支持も受けて，日本は国際連合に加盟。

→ **国際社会に復帰**。

> ゴロ
> 国連加盟
> 行くころだ

1965年, **日韓基本条約** …日本と韓国の国交が正常化。

→ 日本は，韓国政府を朝鮮半島唯一の政府として承認。

1972年, **日中共同声明** …日本と中国の国交が正常化。

> ゴロ
> 行くなら二人で中国へ

→ 1978年, **日中平和友好条約** …友好を深める。

1972年, 沖縄の日本復帰が実現。

→ 復帰の過程で, **非核三原則** が国の方針に。

…核兵器を「持たず, つくらず, 持ち込ませず」

沖縄のアメリカ軍基地は残される。

→ 事故・公害・犯罪などが問題に。

(2)高度経済成長と社会問題の発生

日本の経済は1950年代半ばに戦前の水準を回復し，

高度経済成長 が始まる。

> ★ 高度経済成長
> 1950年代半ばから1970年代初めまで続いた日本経済の急成長。

1960年, 池田勇人内閣…「所得倍増」政策をかかげ，

経済成長を積極的に進める。

→ 技術革新が進み, 重化学工業が産業の主軸に…鉄鋼や造船。

→ エネルギー資源は, 石炭から石油に変化。

…太平洋や瀬戸内海の沿岸に製鉄所や石油化学コンビナート。

1968年, 日本の国民総生産(GNP)は資本主義国の中で2位に。

└1位はアメリカ

いっぽうで, 高度経済成長によりさまざまな社会問題も発生。

> なぜ？
> 生産や経済面での利益を最優先して, 人々の健康や自然に対する配慮が欠けたため。

過疎化…農村で人口の流出が進む。

過密…都市で人口が集中。交通渋滞・住宅不足・ごみ問題。

◎ **公害** 問題の深刻化。

└工場から出る廃液や排ガスによる

四大公害裁判

（新潟水俣病・四日市ぜんそく・

イタイイタイ病・水俣病）

…いずれも, 被害者側が公害を

発生させた企業に勝訴。

政府の対応

1967年, 公害対策基本法を制定。

1971年, 環境庁(現在の環境省)を設置。

> 新潟水俣病
> 阿賀野川下流域
> イタイイタイ病
> 神通川下流域
> 水俣病
> 八代海(水俣湾)沿岸
> 四日市ぜんそく
> 三重県四日市市
> ★ 公害病の発生地

(3)国民の暮らしの変化

高度経済成長によって国民の暮らしは便利で豊かになった。

→ 家庭電化製品が普及。

…テレビ・洗濯機・冷蔵庫

└「三種の神器」

→ 自動車が普及。

> ★ 戦後の日本の文化

戦後復興期	◎言論の自由が回復→新聞や雑誌が復刊・創刊。
	◎黒澤明…映画監督, 世界で高い評価。
	◎湯川秀樹…日本人初のノーベル賞（物理学賞）を受賞。
高度経済成長期	◎テレビが急速に普及（1953年放送開始）→コマーシャルが人々の購買意欲をかき立て「大量生産・大量消費」の社会に。
	◎漫画・アニメ・文学の発展→手塚治虫…漫画家, 国産アニメも制作。→川端康成…ノーベル賞（文学賞）を受賞。

1964年,

東京オリンピック・パラリンピック が開かれる。

> ゴロ
> 一苦労して
> オリンピック開く

→ 合わせて, 各地に高速道路が整備, 東海道新幹線が開通。

1973年, **石油危機(オイル・ショック)** が起こる。

→ 先進工業国の経済は深刻な不況に。

→ 日本では高度経済成長が終わる。

> なぜ？
> 第四次中東戦争が起こって, 石油価格が大幅に上昇したから。

---

(1)冷戦の終結

1980年代, 東ヨーロッパ諸国でソ連からの自立の動き。

→ 民主化運動が高まる。共産党政権が次々とたおれる。

1989年11月, **ベルリンの壁が崩壊**

└東西冷戦の象徴

> 冷戦でにらみ合うのはもうやめた！
> アメリカ
> ソ連
> マルタ会談

1989年12月, 米ソの首脳が **冷戦の終結** を宣言。

└地中海のマルタ島で会談（マルタ会談）

1990年, 東西 **ドイツ** が統一。

1991年, ソ連が解体…ロシア連邦など各共和国が独立。

(2)国際協調の動き

1975年, **主要国首脳会議(サミット)** が始まる。

…国際的な重要問題を話し合う会議。

> 第一回の参加国は, アメリカ・イギリス・フランス・西ドイツ・イタリア・日本

> 石油危機のあとの世界経済を話し合うために開かれたのが最初。

→ 2008年より, 経済成長が著しい中国やインドなどが加わった会議(G20)も開催。

地域統合

1989年, アジア太平洋経済協力会議(APEC)が発足。

…アジア諸国と太平洋に面する国々の地域協力を目指す。

1993年, ECが **ヨーロッパ連合(EU)** に発展。

→ ユーロ導入。やがて東ヨーロッパにも拡大。

(3)相次ぐ地域紛争

民族・宗教・文化の違いや国家間の対立から，

各地で **地域紛争** が起こっている。

…核兵器などの大量破壊兵器の拡散,

一般市民を巻き込むテロリズムも発生。

◎1991年, 湾岸戦争…イラクによるクウェート侵攻がきっかけ。

→ アメリカを中心とする多国籍軍が派遣される

> ゴロ
> 不安がいっぱい
> 同時多発テロ

◎2001年, アメリカで **同時多発テロ** が発生。

→ アメリカがアフガニスタンを攻撃。

◎2003年, イラク戦争…イラクをアメリカなどが攻撃。

地域紛争の解決のために

…国連の **平和維持活動** (PKO)が大きな役割を担う。

民間の **非政府組織** (NGO)も活躍。

(4)冷戦後の日本

◎世界平和の面での国際貢献

1992年, 国連の平和維持活動(PKO)に初めて自衛隊を派遣。

└国際平和協力法(PKO協力法)を成立させた

> 2009年に民主党が第一党となる政権交代が起こるが, 2012年には自民党中心の連立政権に戻った。

◎55年体制の終わり…1993年, 非自民連立内閣が成立。

→ その後, 自民党を中心とする連立政権に。

◎経済の動き

1980年代後半, **バブル経済** と呼ばれる好景気が発生。

→ 1991年に崩壊し, 平成不況に。

2008年, 世界金融危機の深刻化で, 日本も不況に。

> 株式と土地の価格が異常に高くなる好景気。

◎災害の発生

1995年1月17日, **阪神・淡路大震災** が発生。

→ 日本でボランティアの重要性が明らかに。

2011年3月11日, **東日本大震災** が発生。

→ 再生可能エネルギーの導入と普及が進められる。

└太陽光・風力・地熱など

◎これからの日本

グローバル化・情報化・少子高齢化などの課題に取り組みつつ, **持続可能** な社会の実現が重要な課題に。

→ 2015年の国連サミットでSDGsを採択。

> ★ SDGs
> 「持続可能な開発目標」の略称。貧困問題, 男女平等, 温暖化対策など, 17の目標と169のターゲットを達成し, 2030年までの達成を目指す。

確認テスト①

24～25 ページ

1 (1)　A　ナイル川　C　インダス川

(2)　B　メソポタミア文明

　　　D　中国文明

(3)　ポリス　　(4)　ア，オ

2 (1)　A　イ　B　カ　(2)　十七条の憲法

(3)　**人物**　中大兄皇子，中臣鎌足（順不同）

　　できごと　大化の改新

3 (1)　口分田　(2)　**租**　エ　**調**　ア　**庸**　イ

(3)　墾田永年私財法　(4)　聖武天皇

4 (1)　桓武天皇　(2)　関白

(3)　藤原道長

(4)　寝殿造

解説　**1**(4)　Eは弥生土器です。**3**(2)　**ウ**は防人の説明です。　　**4**(2)　天皇が幼いときや女性のときに，天皇の代わりに政治を行う役職は摂政といいます。

確認テスト②

40～41 ページ

1 (1)　ア　壇ノ浦　イ　執権

　　ウ　北条泰時　(2)　守護　(3)　御恩

(4)　征夷大将軍

(5)　ア　(6)　御成敗式目（貞永式目）

2 (1)　**人物**　北条時宗

　　できごと　元寇（蒙古襲来）

(2)　（永仁の）徳政令

(3)　**天皇**　後醍醐天皇　**政治**　建武の新政

(4)　ウ　(5)　応仁の乱

3 (1)　①　金剛力士像

　　　②　**建造物**　東大寺南大門　**記号**　エ

(2)　平家物語　(3)　水墨画　(4)　ア

解説　**1**(3)　御恩に対して，御家人が将軍のために戦うことなどは，奉公といいます。　　**3**(4)　銀閣と同じ敷地の東求堂という建物にある同仁斎という部屋が書院造です。

確認テスト③

62～63 ページ

1 (1)　①　十字軍　②　ルネサンス

(2)　A　ウ　B　ア　C　イ

2 (1)　A　イ　B　ア　(2)　X　ウ　Y　オ

(3)　刀狩　(4)　徳川家康

3 (1)　a　島原・天草　c　出島

　　d　鎖国　(2)　イ

(3)　ア　松平定信　イ　水野忠邦

　　ウ　徳川吉宗　(4)　国学

4 (1)　A　オ　B　エ　(2)　西廻り

(3)　天下の台所

(4)　①　化政　②　ア

解説　**2**(1)　鉄砲は，種子島に漂着したポルトガル人が伝えました。1549年，キリスト教を伝えたのは，鹿児島に上陸したイエズス会の宣教師フランシスコ＝ザビエルです。

確認テスト④

84～85 ページ

1 (1)　イギリス　(2)　（フランス）人権宣言

(3)　南京条約

2 (1)　ペリー

(2)　**例**　日本に関税自主権がない。

(3)　打ちこわし　(4)　ア

(5)　①　大政奉還　②　戊辰戦争

3 (1)　C→E→B→A→D　(2)　板垣退助

(3)　**例**　君主権が強い

(4)　a　25　b　男子　(5)　文明開化

4 (1)　ウ　(2)　ウ　(3)　ア

解説　**2**(2)　ほかに，領事裁判権（治外法権）を認めていたことが，不平等な内容でした。　　**3**(3)　天皇制を確立するため，皇帝（君主）の権限が強いドイツやオーストリアの憲法を学びました。

確認テスト⑤

110〜111 ページ

1 (1) ① 同盟　② 協商

(2) 第一次世界大戦

(3) **中国**　五・四運動

朝鮮　三・一独立運動

2 (1) ウ　(2) 世界恐慌　(3) 犬養毅

(4) **事件**　二・二六事件　**人々**　イ

(5) エ　(6) ポーランド

(7) 真珠　**戦争**　太平洋戦争　(8) ポツダム

(9) ① 沖縄県　② 広島，長崎 **（順不同）**

3 (1) GHQ　(2) ウ

(3) 冷戦（冷たい戦争）

(4) ① サンフランシスコ平和条約

② 日米安全保障条約（日米安保条約）

(5) 高度経済成長　(6) ドイツ

解説 2(8)　1945 年 8 月 14 日，日本はポツダム宣言を受諾して降伏することを決めました。